EN PLEIN DANS LA LUCARNE !

200 expressions,
mots et anecdotes
de légende sur
le foot

Direction éditoriale : Bérengère Baucher
Édition : Diane Flahaut
Correction : Delphine Livet
Fabrication : Nicolas Zeifman
Conception graphique de l'intérieur et de la couverture :
Jean-Louis Massardier et marguerite.coop

Éditions Le Robert, 2022
92, avenue de France, 75013 Paris

ISBN 978-2-32101-767-7

MICHEL DENISOT
avec la collaboration de Thomas-Louis Novillo
Médéric Gasquet-Cyrus • Arnaud Richard

EN PLEIN DANS LA LUCARNE !

200 expressions, mots et anecdotes de légende sur le foot

LE ROBERT

PRÉFACES

« Râteau, petit pont, ficelle ! »

Le football a un vocabulaire illustré très drôle et, pour la première fois, les éditions Le Robert en publient une sorte de dictionnaire, avec sa part de fantaisie mais surtout de précision. Cette initiative m'a bien sûr enchanté. Le football occupe une bonne partie de ma vie, depuis ma petite enfance dans l'Indre où mon père, Marceau Denisot, jouait dans l'équipe du village, jusqu'à gagner en 1996 une Coupe d'Europe avec le Paris Saint-Germain, dont j'étais à l'époque président. Je vis aujourd'hui cette passion à Châteauroux.

« Râteau, petit pont, ficelle ! » Cette formule, je l'ai souvent répétée à de jeunes attaquants à la sortie des vestiaires, dans le couloir qui mène au terrain. Deux feintes et un but ! Une technique maison que je serais bien en peine de réaliser moi-même.

Aux côtés de deux éminents linguistes (malheureusement supporters marseillais ☺), Médéric Gasquet-Cyrus et Arnaud Richard, j'ai raconté à Thomas-Louis Novillo des histoires personnelles liées à une sélection d'expressions mythiques du football.

Bon match ! Après cette lecture, vous serez imbattable.

Michel Denisot

Ce que parler du football veut dire

Le football se joue, se vit et se dit ; on en parle avant, pendant et bien après le match. Comme l'écrit l'ethnologue Christian Bromberger dans *Le Match de football* (1995), le football est un sujet de conversation qui contribue à créer et renforcer des liens de sociabilité ; il remplit ce que les linguistes appellent la *fonction phatique de la communication*, celle qui met les gens en contact. Et si le football est parfois considéré comme un « langage universel » (c'est en tout cas un sport mondial), sa pratique se décline dans toutes les langues du monde. Les linguistes que nous sommes ont souhaité explorer la manière dont on utilise les incroyables ressources de la langue française (et ses emprunts) pour commenter les actions, les gestes, le sort d'un match.

Parler (de) football, ce n'est pas simplement évoquer un ballon derrière lequel se pressent une vingtaine de joueurs. Quand on décrit ce sport, on évoque des gestes précis (*plat du pied, tête croisée, double contact*...), des phases spécifiques (*pressing, tiki-taka*...), des actions mémorables (*panenka, madjer*...). On commente un match tout en le regardant, comme pour extérioriser nos sentiments qui vont au-delà d'une simple réaction face à un jeu. On repense parfois à son enfance ou l'on revit d'autres matchs qui nous ont fait vibrer ou pleurer (ah, les fameux *poteaux carrés* !). Qui ne se souvient de cette douce soirée du 12 juillet 1998, lorsque la France entière a communié le temps d'une nuit dans une liesse populaire immense ? Les mots, ancrés dans le réel, et les émotions nous permettent de vivre et de revivre de tels moments. Nous avons essayé d'en expliquer l'origine, l'étymologie lorsque cela était possible, ainsi que les usages et les variations.

Cet ouvrage n'est pas exhaustif. D'une part, on ne peut pas, en 200 mots ou expressions, couvrir la richesse du champ lexical footballistique. Ainsi, vous ne trouverez dans ce livre ni *claquette* ni *contre-appel*, ni *changement d'aile* ni *grinta* (dans un deuxième tome si vous souhaitez jouer les prolongations ?). D'autre part, il y a une différence entre la terminologie (nomenclature officielle des termes techniques liés au jeu : *ligne de but*, *rond central*, *touche*...) et le vocabulaire populaire et imagé qui renvoie à des créations artistiques ou à des coups de génie faisant l'objet de débats passionnés en fonction des sensibilités (qu'est-ce vraiment que le *coup du scorpion* ? Une *bicyclette* est-elle une *papinade* ?). Peut-être que certaines considérations pourront paraître partielles, pour ne pas dire partiales. Nous ne sommes ni juges ni arbitres, en espérant n'être pas hors-jeu !

Nous sommes heureux d'avoir pu mêler notre expertise linguistique à notre amour des mots et du football, tout en les combinant, dans un subtil jeu en triangle avec Michel Denisot, acteur et passionné, lui aussi, de ce sport qui nous rassemble.

Médéric Gasquet-Cyrus et Arnaud Richard

Football et genre linguistique

Le football dit *féminin* s'est développé de manière spectaculaire en France ces dernières années, notamment au niveau médiatique avec la retransmission des compétitions internationales majeures sur de grandes chaînes de télévision, offrant à ce sport un gain de légitimité remarquable. Cependant, la nécessité d'accoler l'adjectif *féminin* montre bien que c'est toujours le football *masculin* qui occupe la plus grande place dans la pratique et les médias, sans parler des disparités économiques. De fait, le langage du football est encore très (trop ?) marqué par son ancrage masculin. Ce livre, qui rend compte des expressions en usage, notamment populaires, reflète donc cet état de fait, avec l'adoption du masculin générique (discutable, nous en convenons), même si nous avons souvent inclus des formes féminisées. Des termes comme *entraîneuse*, *joueuse*, *meneuse*, *attaquante*, *latérale*, intègrent naturellement le lexique commun du sport. Les formes choisies font cependant encore débat, par exemple au sein des rédactions de journaux et quotidiens sportifs (*défenseure* ou *défenseuse* ?). À l'avenir, il est fort possible et souhaitable que des expressions directement issues de la pratique féminine enrichissent le répertoire populaire : à quand, à côté d'une *panenka* ou d'une *madjer*, une *rapinoe* ou une *renard* ?

À JAMAIS LES PREMIERS

Slogan associé à l'Olympique de Marseille, premier (et seul) vainqueur français d'une Ligue des champions

Le 26 mai 1993, au stade olympique de Munich, l'Olympique de Marseille bat le Milan AC 1 à 0 sur un but de Basile Boli à la 43e minute de jeu et devient le premier club français (et à ce jour le seul) à remporter une Ligue des champions (que les plus chauvins considèrent comme la seule, la vraie coupe d'Europe – c'est en tout cas la plus prestigieuse). Un chant encore repris dans les virages (tribunes situées derrière les buts) du stade Vélodrome rappelle cet événement historique :

> « Allez les Marseillais, c'était le 26 mai
> Allez les Marseillais, ensemble on a gagné
> Allez les Marseillais, à jamais les premiers ! »

Depuis, la locution *À jamais les premiers* est devenue aussi emblématique que la devise du club (*Droit au but*) et figure en bonne place sur les tee-shirts, maillots, avatars et commentaires sur les réseaux sociaux... C'est aussi le titre d'un documentaire de Gilles Perez et Gilles Rof sorti en 2008. Aux côtés de l'étoile sur le maillot, symbole du trophée et titre d'une chanson du collectif marseillais 13'Organisé, ce slogan fait la fierté de tout Marseille et donne une primauté au club que rien ne pourra jamais effacer. Les Marseillais ne sont pas les derniers... à le répéter !

UN AGENT DE JOUEUR

Une personne qui s'occupe de la carrière d'un joueur

Le milieu des agents est un monde assez secret dans lequel l'argent prend souvent les devants et fait tourner les têtes, sans compter les réputations sulfureuses attachées à certaines figures du milieu (sans jeu de mots...). Dans le football professionnel français, un *agent sportif* (dénomination officielle) est une personne ayant obtenu une licence de la Fédération française de football (« Agent sportif FFF ») afin de gérer les carrières, et donc les contrats ou transferts, des joueuses et des joueurs ainsi que des entraîneuses et entraîneurs (dans l'usage, on parle d'*une agent* lorsqu'il s'agit d'une femme ; celles-ci sont cependant sous-représentées dans la profession). Le principe d'intervention en faveur d'une autre personne est bien présent mais il se paie, notamment par des primes (souvent à la signature) ou par des commissions (avec des pourcentages sur le salaire brut, souvent de 10 % - comme la série éponyme ! -, et selon le plafond légal établi).

Dans les données officielles publiées par la FFF, concernant la saison 2020-2021 en Ligues 1 et 2, le PSG caracolait avec 28 465 000 euros distribués aux agents dans le cadre des transferts, et le Chamois Niortais FC fermait la marche avec 59 000 euros (pour un total cumulé des clubs français des deux ligues d'élite dépassant les 127 millions). ↘

UN AGENT DE JOUEUR

C'est après un examen que l'on accède à cette profession réglementée. « Aujourd'hui, ce sont les agents qui dirigent le football », m'a dit Platini il y a quelque temps. Pini Zahavi (Neymar, Lewandowski), Jorge Mendes (Ronaldo, Silva) ou feu Mino Raiola (Verratti, Pogba) sont aussi puissants que des présidents de club. Quand on descend aux niveaux inférieurs, l'univers des agents est très hétéroclite et réunit des gens compétents et d'autres moins. Les agents d'aujourd'hui n'ont plus rien à voir avec les agents à l'ancienne, chez qui un accord verbal valait une signature (je pense par exemple à Manuel Barbosa, Alain Migliaccio ou Oscar Damiani). Certains joueurs privilégient un accompagnement par leurs proches et un avocat, pour décider eux-mêmes de leur carrière (comme Kylian Mbappé ou Adrien Rabiot). Family business.

UNE AILE DE PIGEON

Un geste technique de contrôle ou une frappe de la balle effectués avec l'extérieur du pied et la jambe pliée, cheville à hauteur de hanche

Le geste technique dit *de l'aile de pigeon* n'est sans doute pas à inscrire dans les mouvements les plus naturels du football. Rendant hommage à l'oiseau voyageur, la footballeuse ou le footballeur en appui sur une seule jambe contrôle ou frappe la balle, la jambe en l'air pliée, avec l'extérieur de son pied. Si dans l'action il fallait choisir entre l'aile ou la cuisse, c'est ce geste qui pourrait réunir les indécis. En effet, le ballon se trouve au niveau du haut de la jambe et imite le pli d'une aile d'oiseau. Si l'expression *aile de pigeon* est attestée en français au moins depuis les années 1960, on se doute que sa pratique est bien antérieure.

Pour certains, le talon peut s'ajouter à l'extérieur du pied dans les zones de contact reconnues lorsqu'une telle gestuelle est réalisée. On perd alors la latéralité de l'aile, sans pourtant rogner sur le talent.

ALLER AU PRESSING

Presser l'adversaire afin qu'il ne joue pas facilement le ballon

Quand un commentateur annonce que les joueuses ou les joueurs *vont au pressing* en plein cœur d'un match, il n'annonce en rien leur départ vers une société de nettoyage de vêtements. Le *pressing* est une phase de jeu sans ballon qui consiste à *presser* l'adversaire afin de l'empêcher de ressortir proprement la balle, voire à essayer de la récupérer. Il s'agit évidemment d'un emprunt à l'anglais. Concrètement, pour presser un adversaire, il faut courir dans sa direction (pour lui fermer un maximum d'angles) mais aussi anticiper les éventuelles passes dont il faudrait couper la trajectoire.

Le pressing individuel est généralement moins efficace que le pressing collectif qui implique plusieurs joueurs qui coordonnent leurs mouvements afin de mettre l'équipe adverse en difficulté, voire carrément la faire reculer. En fonction de l'endroit où cela se passe, on peut parler de *pressing haut* (lorsque que le pressing se fait au plus près de la surface adverse) ou de *pressing bas* (lorsqu'on laisse l'adversaire franchir le rond central). Le *contre-pressing* (littéralement *gegenpressing*, de l'allemand *gegen*, « contre ») consiste à tenter de récupérer en bloc-équipe le ballon aussitôt qu'il est perdu. Le pressing demande beaucoup d'intensité physique. À la fin d'une phase de pressing, les joueurs ressortent… lessivés.

Le pressing collectif est-il une manière de laver son linge sale en équipe ?

Le pressing *fait partie des expressions bizarres du foot. On comprend l'idée :* presser *le joueur d'abord pour l'empêcher de jouer puis pour récupérer le ballon. Il n'est pas possible d'*aller au pressing *pendant 90 minutes, ce serait trop éprouvant pour les joueurs et cela laisserait des espaces à l'équipe adverse. Petite variante, le* contre-pressing, *ou* gegenpressing *outre-Rhin, implique de presser immédiatement le joueur qui vient de nous prendre le ballon. Jürgen Klopp (Liverpool) est un grand adepte de cette technique – et cela lui réussit plutôt bien.*

UN AMORTI

Un contrôle du ballon en douceur

Le contrôle du ballon en l'air, geste essentiel au football, est loin d'être évident avec une partie du corps - le pied - qui, contrairement à la main, n'est pas naturellement destinée à arrêter des objets en mouvement et aux trajectoires particulières. L'amorti constitue pourtant un geste fondamental qui permet de prendre le contrôle d'un ballon aérien en le réceptionnant près du corps. En faisant cela, le joueur « tue » le mouvement et la vitesse du ballon, si l'on s'en réfère à l'étymologie du mot. *Amorti* est le nom dérivé du verbe *amortir*, issu du latin populaire *admortire* ou *ammortire*, d'après le latin *admortis*, « à mort ».

L'*amorti* au football n'est pas tout à fait le même que l'*amorti* ou *amortie* (souvent au féminin) du tennis, qui consiste à « tuer » la balle... dans le camp de l'adversaire. Au football, il est possible d'utiliser toutes les parties du corps autorisées, même si l'amorti de la tête, par exemple, est extrêmement rare, tout comme l'amorti du genou - à part pour un ballon joué pour soi-même. Plus académique et plus esthétique est l'amorti-poitrine qui permet de réceptionner le ballon grâce à un habile jeu des bras et du thorax. Avec les pieds, outre l'amorti du plat du pied, on peut tenter le magnifique *amorti en porte-manteau*, qui consiste à tendre la jambe, voire à sauter, pour recevoir le ballon entre le coup de pied et le tibia et le contrôler ainsi. Le geste réalisé en extension constitue une prouesse que seuls les plus grands peuvent réaliser (qui a parlé de Zizou ?). Et vous, avez-vous déjà passé ce contrôle (très) technique ?

UN APPEL DE BALLE

Une demande de la balle de la part d'un joueur à son coéquipier

Un appel de balle se fait auprès d'un ami, ou plutôt d'un coéquipier, qui la possède. Si la voix peut servir, c'est avec le bras levé, ou surtout avec une attitude dynamique et une course « intelligente », que l'on va appeler la balle. Les attaquants sont les joueurs qui effectuent le plus d'appels, et ils doivent pour cela se *démarquer*, c'est-à-dire échapper au marquage des adversaires. En particulier sur les phases de coups de pied arrêtés, des stratégies d'appels multiples effectués par plusieurs joueurs simultanément peuvent créer une confusion dans la défense adverse et permettre de mieux réaliser la passe souhaitée.

Ce type de combinaison se rencontre aussi dans les appels croisés. Deux joueurs intervertissent leur trajectoire de course afin d'induire en erreur les adversaires qui les suivent. Bizarrement, quand l'appel mène à une passe interceptée, on parle de *passe téléphonée*. Dans le registre toujours téléphonique, on parle de *double appel* quand deux joueurs font une demande simultanée mais, là encore, une seule pourra aboutir.

APPELER LE MARABOUT

Compter sur la chance ou recourir à des pratiques superstitieuses pour favoriser le sort d'un match

Le monde du football est plein de superstitions. Si les joueuses et les joueurs ont l'habitude de célébrer leur but de la même manière (bras tendus vers l'arrière après un saut ou doigt pointé vers le ciel), de petits gestes répétés à l'identique à chaque match, comme entrer sur la pelouse à cloche-pied (avec le pied droit !) ou d'autres signes plus ou moins religieux sont visibles, comme autant d'appels à s'attirer un destin favorable.

La part jouée par un marabout est plus rare. On l'attribue souvent aux équipes ou aux joueurs africains. Faire appel à un marabout n'a pour l'instant permis à aucune équipe subsaharienne de gagner une Coupe du monde. Et l'AMA (Agence mondiale antidopage) n'a pas non plus intégré cette pratique dans son code des usages à bannir. Une chose est sûre : le mental reste une dimension majeure dans la réussite des joueurs. Avoir foi en une personne à qui l'on attribue des pouvoirs, ou se donner de la force à travers un rituel (plus ou moins occulte), peut d'une certaine manière aider, mais à la fin ce n'est pas que cela qui permettra de gagner.

Les gens connaissent l'histoire du fax, mais peu ont entendu parler de celle du marabout. Le PSG rencontrait le FC Steaua Bucarest pour le tour préliminaire de Ligue des champions, en août 1997. Le club n'ayant pas pris connaissance d'un fax envoyé par l'UEFA annonçant sa suspension, Laurent Fournier a foulé le gazon roumain et le club a été sanctionné d'une défaite sur tapis vert. 3-0. L'équipe a le moral dans les chaussettes. Raí, notre capitaine brésilien, tente de remobiliser les troupes avant le match retour. « On va le faire ! » De mon côté, je suis à la fois consterné et déterminé, et preneur de tout ce qui pourra faire pencher honnêtement la balance de notre côté. C'est ainsi que Claude Leroy me recommande de contacter Sidi, qui officie à Dakar en tant que... marabout ! Le recours à la voyance est fréquent dans le football africain, un peu moins en Europe. Après deux coups de fil et un transfert d'argent, il m'annonce qu'il ne peut rien me dire. Tant pis, notre destin est scellé. Mais deux jours avant le match retour, Sidi me rappelle : nous allons gagner 5-0 et le quatrième but sera inscrit par le numéro 18. Je souris de l'autre côté du téléphone. Le match est complètement fou. Raí inscrit trois buts. Je ne sais pas si c'est la motivation ou l'œuvre magique du marabout, mais toujours est-il que nous finissons par gagner 5-0 et que le quatrième but est inscrit par Florian Maurice avec, dans son dos, le numéro 18... Depuis, de nombreux dirigeants de clubs européens m'ont demandé le numéro de Sidi. Karl Lagerfeld aussi !

« APRÈS AVOIR VU ÇA, ON PEUT MOURIR TRANQUILLE ! »

Citation célèbre de Thierry Roland exprimant sa joie après la victoire de l'équipe de France lors de la Coupe du monde 1998

Que faisons-nous sur Terre ? Quel est le sens de la vie ? Il n'est pas question de philosopher ici, mais simplement de se demander quels peuvent être les objectifs d'une existence, ou plus spécifiquement qu'est-ce qui constitue l'élément clé d'une carrière. Pour la plupart des footballeuses et des footballeurs, une victoire en Coupe du monde représente ce Graal ultime. Compétition entre équipes nationales, elle ne dépend pas d'un seul homme, fût-il le meilleur d'entre tous. Certains pays avec de grands joueurs n'ont pas (encore) gagné de Coupe du monde (comme la Belgique). Alors quand la France organise la Coupe du monde de football en 1998, les attentes sont importantes. Son palmarès est encore vierge dans la compétition.

Un duo de commentateurs expérimentés officie à l'époque sur TF1 avec l'ancien capitaine de l'AS Saint-Étienne, Jean-Michel Larqué, et un journaliste sportif, Thierry Roland, bien connu pour son chauvinisme. C'est ce dernier qui, quelques secondes après le coup de sifflet final, s'est exclamé : « Je crois qu'après avoir vu ça, on peut mourir tranquille ! » Dans son commentaire complet, Thierry Roland tempère tout de même en ajoutant : « Enfin le plus tard possible, mais on peut... » Il nous a quittés le 16 juin 2012, près de quatorze ans plus tard, après 13 Coupes du monde commentées et 1 360 matchs derrière un micro.

UNE **ARCONADA**

Une captation de balle manquée par un gardien qui voit le ballon lui glisser sous le corps avant d'entrer dans son but

Contrairement à ce que la sonorité ibérique peut laisser croire, *faire une arconada* est une expression principalement employée en France. Néanmoins, cette antonomase (voir aussi de manière plus glorieuse une *madjer* ou une *panenka*) renvoie bien à un joueur espagnol. En effet, lors de la finale de l'Euro 1984, la France affronte l'Espagne pour le titre continental et Michel Platini va inscrire un coup franc aidé par la maladresse du gardien adverse. Celui qui est pourtant considéré comme l'un des meilleurs de son époque, Luis Miguel Arconada Etxarri, va commettre une boulette bien particulière. Alors qu'il tente de capter le ballon des deux mains et de s'allonger ensuite au sol vers l'avant, la balle lui glisse entre les bras, puis roule sous son corps jusqu'à l'intérieur du but.

À la limite du but contre son camp, cette erreur montre bien que les tensions sont plus grandes lors des matchs très importants, mais aussi que les mémoires en sont davantage marquées (même contre soi-même)..

UNE ARCONADA

Jean-Michel Moutier, ancien gardien de l'AS Nancy-Lorraine version Platini et du PSG, puis directeur sportif du club parisien dans les années 1990, disait des gardiens qui laissaient glisser les ballons qu'ils avaient enfilé les « gants Palmolive ». De quoi se prendre un savon.

ARMER SA FRAPPE

Préparer sa frappe de balle

Au football les buts peuvent être marqués de bien des façons, notamment de manière impromptue, instinctive : tête, pointu, déviation... et même but contre son camp. Cependant, la plupart du temps, c'est un tir planifié qui amène le but, que ce soit sur une phase arrêtée (coup franc, penalty) ou au cours du jeu. Pour que le tir soit réussi, il faut qu'il soit bien placé et convenablement dosé. Cela nécessite une certaine préparation pour le joueur qui doit placer son corps dans la posture idéale afin que le geste soit réussi : position de la jambe d'appui, du torse, des bras, du bassin, contraction et relâchement des muscles, angle de frappe, tout a son importance. Ce mouvement qui repose sur des principes biomécaniques est étudié et décrit très sérieusement par des chercheurs, mais aussi par des préparateurs qui souhaitent, en le maîtrisant, optimiser les performances des joueurs.

Ces microsecondes sont celles au cours desquelles un joueur *arme sa frappe*, comme un archer banderait son arc, comme un arbalétrier tendrait son arbalète ou comme un artilleur armerait un canon : avant l'éventuel boulet ou missile, il faut préparer la munition et effectuer le mouvement parfait qui permettra de propulser le ballon au fond des filets.. ↘

ARMER SA FRAPPE

Ce geste préparatoire d'une demi-seconde permet de trouver un bon appui, d'avoir le bon angle du corps et de donner suffisamment de puissance au pied. Vous avez probablement vu cent fois le désormais célèbre « second poteau Pavard ». Arme d'émotions massive.

LES ARRÊTS DE JEU

Les périodes de temps additionnel à la fin d'une mi-temps

Tous les sports collectifs n'ont pas la même durée de pratique en compétition. En fonction des catégories d'âge, les matchs s'allongent plus ou moins. Le football se divise en deux périodes de 45 minutes durant lesquelles le chronomètre est peu interrompu. Ainsi, à la fin de chaque mi-temps (surtout à l'issue de la seconde), une période de dépassement aussi appelée *temps additionnel* vient compléter les phases non jouées, comme lors d'un remplacement (la base de 30 secondes par changement de joueur est indiquée) ou pendant l'intervention de l'équipe médicale. Les *arrêts de jeu* représentent la dernière phase que l'arbitre central décide d'accorder. Ce temps additionnel peut être légèrement rallongé si l'arbitre estime que, durant les arrêts de jeu, le temps effectif a été diminué... Ce qui arrive souvent puisque les équipes qui mènent au score font tout pour *jouer la montre*.

Ce temps ultime au cours duquel un match peut basculer est évidemment associé au *money time* présent dans d'autres sports collectifs, un temps où tout se joue et où l'on peut tout emporter. Les plus longs arrêts de jeu de l'histoire du football moderne auraient duré près de 28 minutes entre deux équipes anglaises. D'un autre côté, en 2022, la Coupe d'Afrique des nations a aussi vu un arbitre siffler la fin d'un match avant même la 90e minute, ce qui pour une fois en fait un arrêt prématuré. ↘

LES ARRÊTS DE JEU

C'est la période de stress ultime. Les minutes de temps additionnel peuvent être jubilatoires ou tragiques. Je garderai toujours le souvenir de la confrontation PSG-Real Madrid pour les quarts de finale de la Coupe de l'UEFA 1993 (aujourd'hui Ligue Europa). Nous avions perdu 3-1 à Madrid à l'aller. Au retour, une tête de Weah, une demi-volée de Ginola et une feinte de Valdo nous permettent de mener 3-0. L'arbitre annonce la fin du temps réglementaire. Le Madrilène Zamorano marque pour revenir à 3-1 et l'on imagine alors que le sort du match se jouera aux prolongations. Mais à la 96e minute, un coup franc tiré par Valdo croise la tête de « Casque d'or », Antoine Kombouaré. Les filets tremblent. Paris arrache sa première demi-finale européenne. Le stress est renforcé par le fait qu'on ne maîtrise pas la durée des arrêts de jeu. Quand on mène de peu, les secondes sont des heures. Changements, passes en retrait ou fautes font gagner un peu de temps. Quand on est mené, on veut que ça dure. Un match, on sait quand ça commence, mais pas vraiment quand ça finit !

UN ASCENSEUR

Un geste qui consiste à prendre appui sur l'adversaire pour sauter

Contrairement aux joueurs de rugby sur un alignement en touche, les footballeurs ne se prêtent pas assistance pour sauter le plus haut possible : c'est chacun pour soi. Prendre la bonne impulsion, sauter haut, maintenir son extension en l'air, couper la trajectoire du ballon au bon moment (le bon *timing*) et avec la bonne partie du corps constituent autant de phases complexes qu'un footballeur doit réaliser à la réception d'un coup de pied arrêté ou sur un dégagement.

La tentation est alors grande de s'aider du corps de l'adversaire juste devant : les mains sur les épaules de l'autre, l'impulsion est renforcée mais... c'est interdit ! Car ce geste empêche l'autre de sauter aussi. En panne ou pas, au football, ce que l'on appelle l'*ascenseur* est proscrit. Sauf l'ascenseur émotionnel qui, lui, nous fait adorer ce sport.

UNE ATTAQUE PLACÉE

Une attaque collective longuement préparée

Un match de football peut voir alterner des phases d'attaque-défense et des contres, sans compter des moments désordonnés de *hourra football*, mais on peut aussi assister à des *attaques placées*. Il s'agit d'une phase de jeu dans laquelle les joueuses ou les joueurs, chacun à leur « place », font circuler le ballon en suivant un schéma assez précis, travaillé à l'entraînement, le tout dans la surface de terrain adverse face à des défenseurs « en place » eux aussi.

Alors qu'il peut être assez rapide d'arriver devant le but à la suite d'une erreur défensive (contrôle raté, mauvais placement...), d'un contre ou d'un exploit individuel (dribble, petit pont, débordement...), l'attaque placée implique de prendre le dessus sur des défenseurs bien positionnés et vigilants. On est alors proche du jeu d'échecs et c'est souvent l'enchaînement et la précision des passes, ainsi que les automatismes entre les partenaires, qui permettent de déjouer l'attention de la défense et de marquer éventuellement un but.

UNE ATTAQUE-DÉFENSE

Une phase de jeu dans laquelle une équipe ne fait qu'attaquer pendant que l'autre ne peut que défendre

Le football n'est pas strictement un jeu d'attaque-défense comme certains sports tels le football américain voire le rugby lors de certaines phases. Le jeu est censé se dérouler en continu durant les deux périodes de 45 minutes. Malgré tout, dans les stratégies entreprises par les équipes, un effet d'*attaque-défense* peut être perçu lorsque les deux équipes alternent rapidement entre les camps en enchaînant des phases d'attaque pour l'une et de défense pour l'autre (en réaction de la première), puis vice versa. Les zones de jeu avec ballon sont alors principalement les 30 mètres les plus proches des cages et non plus la partie centrale du terrain.

On parle parfois d'*attaque-défense* lorsqu'une équipe est acculée dans sa surface de réparation et que l'équipe adverse, largement dominatrice, ne fait qu'enchaîner les phases d'attaque, les centres, les tirs...

L'expression peut être associée à la phrase « la meilleure attaque, c'est la défense ». Cette perspective privilégie le nombre de buts inscrits au détriment du nombre de buts encaissés. En effet, c'est le différentiel qui détermine la victoire, l'équipe gagnante restant celle qui aura marqué le plus de buts. Par exemple, la finale de Coupe de France la plus prolifique en buts remonte à 1957, avec un total de 9 ; la victoire était alors revenue au Toulouse FC face à Angers avec un score de 6-3, soit l'équivalent d'un bon set de tennis.

UN ATTENTAT

Une faute particulièrement violente

Certaines fautes ont des conséquences plus douloureuses que d'autres. Un tacle mal maîtrisé peut tordre la cheville d'un adversaire, un coup de tête mal placé peut abîmer une arcade ou un nez. Mais certains gestes peuvent être qualifiés d'*attentat* dès lors qu'ils cumulent violence et intention. Le tacle avec les deux pieds décollés est l'archétype de l'attentat, qui peut aussi prendre la forme d'un pied en l'air atterrissant sur la tête ou sur la poitrine d'un adversaire. La faute (non sanctionnée !) de l'Allemand Harald Schumacher sur Patrick Battiston en demi-finale de la Coupe du monde 1982 reste l'image forte d'un attentat au plus haut niveau (le défenseur français y a laissé trois dents...).

Normalement, pendant que les commentateurs s'écrient « C'est un attentat ! », l'arbitre doit sortir le carton rouge en direction du joueur qui, d'une façon ou d'une autre, a perdu la maîtrise de ses nerfs pour décider de faire mal. Évidemment, le mot est fort et renvoie à des événements douloureux à l'échelle mondiale.

Au football, il faut voir l'attentat non comme un acte destiné à semer une terreur collective mais comme la volonté délibérée et punissable d'attenter à l'intégrité physique d'une joueuse ou d'un joueur.

AVALER SON SIFFLET

Reproche adressé à un arbitre qui ne siffle pas les fautes

« L'arbitre a toujours raison », a-t-on l'habitude de dire, étant donné que c'est en effet l'arbitre central qui a le dernier mot pour toute décision, pour tout litige. Ce qui n'empêche pas à tout le monde de donner son avis sur telle action ou telle faute ! Le tout en sommant l'arbitre de siffler : « Hors-jeu ! », « Faute ! », « Péno ! », « C'est rouge là ! » Pourtant, il arrive que l'arbitre ne siffle pas, soit qu'il passe à côté de son match, soit qu'il soit trop laxiste, soit qu'il ait pris en grippe une équipe, ce qui l'influence dans ses décisions. Pire encore, on peut parfois le soupçonner de parti pris, d'être corrompu.

Dans tous les cas, on peut dire que *l'arbitre a avalé son sifflet*, explication soi-disant naïve qui sous-entend le laxisme ou la partialité du principal intéressé.

UN AVANT-CENTRE

Désigne l'attaquant le plus en pointe, le plus avancé sur le terrain

L'avant-centre est souvent vu comme un joueur à part. À l'opposé de la gardienne ou du gardien de but sur le terrain, c'est le poste avancé de l'attaque et la personne dont on attend le plus dans la concrétisation ultime : c'est lui le *buteur*, c'est elle la *buteuse*, autres appellations du poste.

Les avant-centres sont souvent incarnés par des individualités, des personnalités fortes dans un sport pourtant collectif. Dans certains schémas tactiques, deux avant-centres peuvent être combinés, mais la tendance est à la pointe unique, ou du moins à la mise en valeur d'un attaquant en particulier.

Dans la marchandisation du football, les transferts avec les montants les plus élevés concernent généralement les avant-centres. Le chiffre qui leur est associé sur le maillot est le 9, et les équipes cherchent parfois à s'offrir les services d'un 9, sous-entendu d'un profil d'avant-centre. Dans les caractéristiques physiques, on trouve une grande diversité, du très longiligne Anglais Peter Crouch (culminant à plus de 2 mètres) au plus petit sous la toise, l'Italien Lorenzo Insigne (1,63 mètre). Mais peu importe la taille, du moment qu'on la met au fond.

Il y a autant de définitions du poste qu'il y a d'avant-centres. Ronaldo (le Brésilien) était peut-être le plus grand de tous. Son explosivité n'avait pas son pareil. Il n'aurait pas gagné au 100 mètres contre les meilleurs sprinteurs, mais il était imbattable sur 10 mètres – ce qui est largement suffisant dans une surface de réparation. George Weah avait le don de se faire oublier. C'est une immense qualité à son poste. Je me souviens d'un match contre Strasbourg dans lequel il a fini par chiper un ballon à Frank Lebœuf qui n'avait pas relancé suffisamment vite. Olivier Giroud est très collectif et efficace face au but. Ce n'est peut-être pas le plus spectaculaire de la liste, mais je suis extrêmement admiratif de ce qu'il est capable de faire. Et Kylian Mbappé, me demande-t-on parfois, est-il un avant-centre ? S'il le veut, oui ! Il peut tout faire, à tous les postes. Il marquera l'histoire du ballon rond, tout comme Karim Benzema, qui est l'exemple magistral de l'avant-centre moderne, avec un mental hors-norme qui peut faire basculer les plus grands matchs.

AVOIR DE LA PROFONDEUR DE BANC

Avoir des remplaçants de qualité

Le football se joue à onze contre onze et, à la fin, les onze du départ peuvent être différents car ils sont susceptibles d'avoir été remplacés par des joueurs plus frais. C'est depuis le 17 juin 1967 que les remplacements sont autorisés. D'un au départ, on est arrivé à cinq changements potentiels (six en cas de prolongation) depuis 2020 et les modifications liées à la pandémie de Covid-19. En 2022, l'International Football Association Board (IFAB) a définitivement validé ces possibilités de cinq ou six changements, intégrées dans la loi 3 du jeu.

La force d'une équipe repose sur un effectif plus large que les onze joueurs de départ, et c'est souvent à la qualité des joueurs remplaçants que l'on peut mesurer la différence de niveau (potentielle) entre deux équipes. On parle ainsi de *profondeur de banc* quand une équipe possède beaucoup de remplaçants de haut niveau qui pourront peut-être, en entrant en cours de match, faire basculer le sort de la rencontre, tandis qu'une autre équipe pourra *manquer de profondeur de banc* quand les remplaçants sont d'un niveau supposé plus faible.

À noter que s'il existe encore des bancs de touche, dans les grands stades, les remplaçants peuvent être assis dans des fauteuils individuels beaucoup plus confortables que le banc fait de bois et de métal des terrains amateurs.

Si les bancs n'existent plus, on emploie toujours cette métaphore pour parler de la richesse d'un effectif. Les clubs les plus riches ont ainsi parmi leurs remplaçants beaucoup de très bons joueurs qui seraient titulaires dans n'importe quelle autre équipe. Cela vaut parfois aussi pour le remplaçant du remplaçant dans les effectifs pléthoriques, qui pourraient gagner des matchs en alignant leurs seuls joueurs de banc. La plupart des grands joueurs et des grandes joueuses passent un jour ou l'autre des matchs sur le banc, pour se préserver dans des saisons de plus de cinquante rencontres, mais n'y restent jamais bien longtemps.

AVOIR LES PIEDS CARRÉS

Se montrer particulièrement maladroit

Si on *a les pieds carrés* quand on joue au ballon, c'est que quelque chose ne tourne pas rond. C'est pourtant ainsi que sont qualifiés nombre de joueuses ou joueurs qui se distinguent par leur maladresse, notamment les attaquants qui manquent le cadre. Il faut dire qu'il y a des circonstances atténuantes : le football, comme son nom l'indique, est le seul sport à utiliser une partie du corps ordinairement dévolue à la marche ou la course : les pieds. Si les mains sont habituées à toucher, saisir, manipuler, poser, lancer des objets, ce qui constitue un plus dans tous les sports qui les mobilisent, les pieds, au football, remplissent des fonctions spécifiques et inédites. Il faut ajouter à cela la diversité des surfaces du pied qui rendent le contrôle et la projection du ballon, sinon aléatoires, du moins complexes : plat du pied, coup de pied, intérieur, extérieur, autant de parties qui permettent de contrôler et de projeter le ballon avec plus ou moins de précision et plus ou moins de puissance.

Pas étonnant alors que le maladroit soit qualifié de *pied carré*, la forme renvoyant à un bloc incapable d'appréhender le ballon, comme si le joueur avait les pieds pris dans un parpaing de béton. Les *poteaux carrés* ont disparu, mais les *pieds carrés* restent une valeur sûre du football.

Bernard Lacombe disait
à Hassan Hanini, son coéquipier
à Bordeaux dans les années 1980,
qu'il avait les pieds carrés.
« Chambrage » classique entre attaquants.
On dit parfois aussi : « Il ou elle a laissé
les chaussures dans la boîte. »
Ma variante préférée reste peut-être
ce que m'a un jour dit la mère
de Kylian Mbappé, à propos d'un
autre joueur dont je tairai le nom,
natif de Bondy : « Il a des casseroles
au bout des jambes ! »

AVOIR TROIS POUMONS

Faire preuve d'une énergie inépuisable

Si l'on chante *à pleins poumons* dans les tribunes ou que l'on crie *à s'user les poumons* devant son écran de télévision, depuis quelque temps, l'expression pulmonaire mentionnant un troisième organe rattaché à une seule et même personne semble plus récente. Michel Denisot cite N'Golo Kanté, le joueur pour lequel on utilise le plus souvent cette expression. Elle met en valeur l'endurance. Ainsi, grâce à un souffle extraordinaire, une joueuse ou un joueur peut se rendre disponible à profusion pour ses coéquipières ou coéquipiers et conjointement s'attaquer sans relâche à ses adversaires dans de multiples zones du terrain.

Cette expression s'appuie sur l'exagération. Elle a parfois été poussée au-delà des 50 % d'augmentation : toujours à propos de N'Golo Kanté, Paul Pogba, son partenaire en équipe de France, lui en avait attribué pas moins de… 15 ! Selon les statistiques proposées par l'UEFA, lors de la Ligue des champions 2021-2022, c'est pourtant un autre Français qui a le plus couru : Étienne Capoue, du club espagnol de Villareal, avec une moyenne proche de 11 kilomètres lors de ses 11 matchs joués.

Le football est un sport qui se joue à 11, et à la fin du match c'est N'Golo Kanté qui a le plus couru. Les données numériques peuvent nous apprendre beaucoup de choses sur un match, comme nous renseigner sur les courses des joueuses et des joueurs. Mais s'y fier complètement, ce serait oublier l'essence du jeu. Pour ça, rien ne vaut l'œil, si fautif soit-il. D'ailleurs, avoir trois poumons échappe aux statistiques. Cela demande beaucoup de travail et un physique exceptionnel. Mais il faut également un mental d'acier et de l'intelligence pour se battre jusqu'à la dernière seconde (comme le fait Luka Modrić par exemple), pour ne pas courir tout le temps dans le vide à s'en user les poumons. On m'a montré les radios de Kanté : c'est incroyable, je n'ai pas vu de troisième poumon... Il est probablement dans sa tête.

AVOIR UN BOULEVARD DEVANT SOI

Avoir une zone de terrain dégagée devant soi, en direction du but adverse

Avoir un boulevard devant soi n'est pas seulement propre au ballon rond. Cette expression fait référence à un espace large et rectiligne sur lequel on peut s'engager sans encombre. Cependant l'expression s'emploie régulièrement au football lorsque, balle au pied, un joueur peut s'élancer sans crainte de pression adverse. Il est plus rare d'avoir un boulevard en plein centre du terrain, dans l'axe, mais les erreurs défensives ou les combinaisons en attaque peuvent créer de tels espaces. On dit d'ailleurs d'une équipe trop laxiste en défense et qui ouvre trop d'espaces aux adversaires qu'elle *laisse des boulevards*.

On parle de *boulevard* dans la verticalité, avec une course dans la longueur vers le camp adverse. Rebrousser chemin vers son propre but ou courir dans la largeur ne sont pas des actions qui mènent à l'emploi de cette expression. Si le boulevard est vraiment grand, alors le joueur a plus de temps pour ajuster sa frappe et éviter les montants.

AVOIR UNE BONNE COUVERTURE DE BALLE

Réussir à conserver le ballon dans ses pieds

La couverture de balle n'est pas faite de cuir ou de plastique. On parle là de l'une des qualités essentielles de la footballeuse ou du footballeur. *Avoir une bonne couverture de balle* signifie être en capacité de conserver le ballon (dans les pieds) face à des adversaires désireux de le reprendre. Il s'agit d'une compétence individuelle qui demande de la technique, de la vision et de l'anticipation.

À la différence de la possession de balle qui est collective, la couverture se fait seul, souvent comme une préparation avant une frappe vers le but ou en prévision d'une passe. Par extension, on peut inclure le dribble dans la couverture de balle. Ainsi, la progression ne se fait plus par un simple accompagnement dans le sens de la course, mais avec quelques *grigris*, roulettes, râteaux, crochets... ou autres effets permettant l'avancée balle au pied.

La couverture de balle est très précieuse dans certains moments-clés comme en fin de match, lorsqu'il s'agit de garder la balle « au chaud » pour priver l'adversaire de ballon et l'empêcher de recoller au score.

LE BALLON D'OR

Le trophée du meilleur joueur du monde

Le Ballon d'or est une récompense individuelle de football créée en 1956 par le magazine *France Football.* Ce trophée reste la reconnaissance symbolique la plus importante dans ce sport. À l'origine, seuls les joueurs de nationalité européenne et jouant dans un championnat de football européen étaient éligibles. Le concours s'ouvre en 1995 à tout joueur évoluant dans un championnat européen, quelle que soit sa nationalité, avant de devenir pleinement international en 2007. Stanley Matthews, milieu de terrain du club anglais du Blackpool FC (Angleterre) fut le premier lauréat de l'histoire. Le Français Raymond Kopa termina troisième des deux premières éditions avant de remporter le Ballon d'or 1958. Dans la déclinaison des récompenses, *France Football* va créer une catégorie « meilleur espoir » en 2018 avec le trophée Kopa, décerné au meilleur joueur de moins de 21 ans. C'est seulement en 2018 que fut attribué le premier Ballon d'or à une joueuse : l'attaquante norvégienne de l'Olympique lyonnais, Ada Hegerberg.

Le record de Ballons d'or remportés par un joueur français est de trois. C'est Michel Platini qui le détient, avec trois trophées consécutifs entre 1983 et 1985 durant sa carrière à la Juventus de Turin. Lionel Messi et Cristiano Ronaldo sont les deux seuls joueurs avec plus de trois distinctions (respectivement sept pour l'Argentin et cinq pour le Portugais).

En 1995, George Weah est le premier joueur africain à remporter le Ballon d'or. Le trophée, décerné pour l'année civile, récompense surtout sa fin de saison parisienne, avant qu'il ne signe au Milan AC. Son transfert a été conclu en mai, au moment du festival de Cannes, que je produisais. Nous avions brouillé les pistes. George était arrivé en secret et j'avais loué une suite à l'hôtel Martinez pour la négociation avec Adriano Galliani et son staff. Au milieu des discussions, ces derniers prétextèrent une concertation pour se retirer mais oublièrent un attaché-case dans le salon, dans lequel un téléphone se mit à sonner avec insistance.
Je finis par frapper à la porte de leur chambre, où ils étaient censés réfléchir à la négociation. Il s'avéra qu'ils étaient en train... de dormir ! Le deal fut conclu. Weah, qui deviendra vingt ans plus tard président du Liberia, partit pour 45 millions de francs (moins de 7 millions d'euros). Une blague aujourd'hui.

UNE BISCOTTE

Un carton jaune en langage familier

Si au cours d'un match vous entendez quelqu'un s'écrier « La biscotte ! La biscotte ! », ne pensez pas que cette personne a faim. De la même manière, si un commentateur sportif précise que « monsieur l'arbitre a sorti la biscotte » ou qu'un joueur « va finir par l'avoir, sa biscotte », il n'est aucunement question de ravitaillement - même si parfois des « pauses fraîcheur » sont organisées en cours de match. D'ailleurs, la *biscotte* peut être indigeste puisqu'il s'agit là tout simplement d'un carton jaune brandi par l'arbitre à un joueur coupable d'une faute.

L'analogie entre le rectangle jaune et la biscotte que l'on trempe dans son café est suffisamment explicite pour que l'on comprenne que, sur un terrain de football, *réclamer une biscotte* ne consiste pas à quémander un peu de nourriture mais constitue une pression exercée sur l'arbitre afin qu'il sanctionne une faute adverse. Ça ne mange pas de pain.

BOUFFER LA FEUILLE DE MATCH

Rater une occasion de but capitale, qui aurait pu changer l'issue d'une rencontre

Il y a des grandes bouffes qui donnent des indigestions et même des petites dont on se passerait bien. Si les joueurs comme les entraîneurs ne sont généralement pas « papivores » (mangeurs de papier et non de nos chers aînés...), l'expression *bouffer la feuille de match* est associée à de la frustration, de la colère ou de la rage. L'origine d'un tel sentiment, c'est le regret d'une occasion de but décisive qui aurait permis de donner la victoire ou de changer l'issue de la rencontre, malheureusement ratée à cause de la maladresse d'un ou plusieurs joueurs.

La *feuille de match* est le document officiel qui reprend les informations factuelles de la rencontre (joueurs, cartons, buts...) et que les capitaines doivent signer à la fin de la partie pour entériner le score. Elle symbolise donc le résultat final... et ce qu'il aurait pu être si le sort avait été différent..

L'emploi du verbe *manger* pourrait rendre cette expression de boulimie tragique moins vulgaire, mais l'action associée perdrait de sa voracité. On ne connaît pas le nom du premier glouton, et peut-être qu'avec les tablettes numériques on se dirige vers leur disparition. À moins que l'appétit ne connaisse pas les limites de la passion dévorante du ballon rond !

BOUFFER LA FEUILLE DE MATCH

Digestion difficile assurée. Par respect, je ne citerai personne, même si toutes les joueuses et tous les joueurs passent par là un jour ou l'autre.

UN BOULET DE CANON

Un tir surpuissant

Les comparaisons et métaphores guerrières sont nombreuses dans le sport de manière générale. Le football n'y échappe pas et offre beaucoup d'exemples dont celui-ci est un classique. *Tirer un boulet de canon* (ou encore *tirer une mine*) évoque un tir surpuissant qui cherche généralement à faire but. Certaines passes ont la vitesse ou la puissance d'un boulet de canon, mais encore faut-il pouvoir les recevoir et les contrôler... Une telle force devra alors se justifier à l'égard de sa coéquipière ou de son coéquipier.

L'expression réduite à *tirer un boulet* s'emploie aussi parfois, car on retrouve toujours l'aspect sphérique partagé entre le boulet et la balle. Cependant, *boulet* a aussi pris le sens populaire et péjoratif de « personne à charge ». Avec l'ajout du *canon*, aucun doute sur la signification et la frappe associée. Parmi les plus grands artilleurs du football, on garde en mémoire Roberto Carlos ou encore Franck Sauzée avec des coups francs explosifs !

UNE BOULETTE

Une erreur, commise généralement par un gardien de but

Certains textes religieux invitent à jeter des pierres à quiconque aurait commis des péchés. Dans le cadre du football, ces pierres pourraient prendre la forme de boulettes. L'expression *commettre une boulette* vaut pour une erreur commise en général par une joueuse ou un joueur (comme une passe en retrait mal assurée ou un contrôle raté dans sa surface), mais elle se rencontre plus particulièrement lorsque l'erreur est faite par une gardienne ou un gardien (on parle aussi de la *toile du gardien*) : dégagement vrillé, dribble hasardeux devant un attaquant, ballon relâché, arconada... Si Bernard Lama a eu un contrôle antidopage positif au cannabis, il n'a pas commis beaucoup de boulettes dans sa carrière. En tous cas, beaucoup moins que le gardien anglais David James, coutumier du fait au point d'être surnommé « Calamity James ».

Le suffixe *-ette* est intéressant dans cet usage car il ne marque pas l'intensité ou la taille. Il y a des grosses boulettes qui ne deviennent pas pour autant des *boules* : on parlera de *boulette sans conséquence* si elle n'entraîne pas un but.

UN BUT CASQUETTE

Un but « gag », ridicule pour le gardien

Les gardiens de but peuvent être des héros en sauvant leur équipe d'une détente magnifique ; ils peuvent aussi être des « zéros » en encaissant des buts ridicules dont les images font le tour du monde. Ces buts, on les appelle des *buts casquette*. Les gardiens d'autrefois portaient des casquettes et sans doute qu'un jour, l'une d'elle tomba sur les yeux d'un malheureux qui encaissa un but grotesque en étant privé de la vue. C'est en tout cas une histoire qui circule en France à propos d'un gardien de but de Southampton à qui pareille mésaventure serait arrivée en 1927, mais rien ne permet d'authentifier l'anecdote. D'ailleurs, il ne semble pas exister d'expression courante à ce sujet en anglais. Peut-être la locution fait-elle simplement référence à une casquette malencontreusement tombée à un moment crucial...

Dégagement vrillé qui repart directement dans le but après un rebond cocasse, contrôle raté qui file sous les crampons, crochet hasardeux qui ne trompe pas l'attaquant, passe malheureuse à l'adversaire, dégagement sur le dos d'un de ses propres défenseurs : les possibilités de buts casquette sont infinies. La dramaturgie du gardien de but est telle qu'en une fraction de seconde, il peut sauver son équipe ou l'enfoncer. De la claquette à la casquette, il n'y a qu'un pas... de trop parfois. ↘

UN BUT CASQUETTE

Expression inventée par les Anglais, dont les gardiens de but n'ont pas vraiment bonne réputation (sauf exception, comme Gordon Banks). La casquette du gardien de Southampton, dans les années 1920, lui serait tombée sur les yeux au pire moment, coûtant le match à son équipe. D'où l'expression. Ces Anglais ont décidément tout inventé dans le football. Le ballon facile qui échappe au gardien suscite souvent son lot de moqueries. Trop de pression sur une seule personne.

UN BUT CONTRE SON CAMP (CSC)

Un but inscrit contre sa propre équipe

Marquer des buts est important au football, mais encore faut-il pouvoir le faire dans la bonne cage... Parfois, involontairement, une balle est déviée ou directement propulsée à l'intérieur des buts de sa propre équipe. Cela s'appelle un *but contre son camp*, désormais souvent repris sous le sigle CSC avec la popularité des statistiques et des catégories qui les accompagnent. Le terme *autogoal* se rencontre aussi, principalement en Suisse et en Belgique, mais il garde encore une forme de xénisme (mot emprunté tel quel à une langue étrangère ; en anglais, on parle plutôt de *own goal*).

Bobby Stuart, un défenseur anglais jouant dans les années 1930 et 1940, détient le record du nombre de buts contre son camp inscrits en une saison : cinq buts marqués contre son équipe (Middlesbrough) lors de la saison 1934-1935. L'Irlandais Richard Dunne, quant à lui, possède un autre record : avec ses clubs d'Everton, Manchester City, Aston Villa et les Queens Park Rangers, il a inscrit dix buts contre son camp en Premier League entre 2004 et 2014.

UN BUT DE RACCROC

Un but chanceux et dont la réalisation est peu esthétique

Tous les moyens sont bons pour marquer un but et que le ballon franchisse la ligne suite à une magnifique frappe enroulée dans la lucarne, un ciseau retourné ou une balle poussée involontairement du bout du pied par un joueur de dos au sol, « ça fait but ». Ainsi, le *but de raccroc* ne doit rien à l'adresse ni à la puissance, mais plutôt au hasard, à la chance.

La locution vient sans doute d'une vieille expression utilisée dans certains jeux d'adresse, notamment au billard ; selon le dictionnaire de l'Académie française (édition de 1798), le *coup de raccroc* désigne un « coup inattendu, par lequel on répare un coup manqué » et se dit d'un « coup où il y a plus de bonheur que d'adresse ». Encaisser un but de raccroc fait enrager, car ce dernier est perçu comme évitable et immérité, mais en marquer un fait toujours plaisir : on se raccroche à ce qu'on peut.

UN BUT EN ARGENT

Un but marqué en prolongation pouvant donner la victoire à l'issue du temps réglementaire de la période

On dit parfois « l'argent ne fait pas le bonheur mais il y contribue ». Ce proverbe a peut-être inspiré l'esprit de la règle du *but en argent*. En effet, un tel but se rapproche du *but en or* car il ne se voit qu'en prolongation d'un match (donc à l'issue d'un terme complet qui s'est achevé sur un match nul). Mais il n'est pas du même métal car il ne qualifie pas automatiquement la première équipe qui l'inscrit. Lorsqu'il y a *but en argent*, il faut faire les comptes à la fin de la période réglementaire : soit à la fin de la première mi-temps de prolongation, soit à la fin de la seconde. Si un seul but est marqué, c'est gagné ! Sinon ? Le match se prolonge...

Notons que cette règle se veut moins brutale que celle du *but en or*, qui met un terme définitif à la rencontre, mais son succès est relatif. Officiellement, c'est entre 2002 et 2004 que cette règle s'applique dans les rencontres internationales. Elle ne fit le bonheur que d'une seule équipe, titrée à l'Euro : celle de la Grèce qui, comme un symbole, connut ensuite pour son pays le revers de la médaille avec une des plus grandes crises économiques de ces dernières années.

LE BUT EN OR

Le but qui donne la victoire à l'équipe qui l'inscrit lors des prolongations

La première médaille d'or sportive fut remise lors des Jeux olympiques de 1904, à Saint-Louis, aux États-Unis. Ce métal précieux, déjà apprécié depuis longtemps, devient alors progressivement le symbole de la victoire. C'est sur cette idée que l'expression *but en or* fut créée. Il s'agit d'un but qui donne la victoire du match à l'équipe qui l'inscrit lors de la phase de prolongations (c'est-à-dire après les deux mi-temps réglementaires de jeu). Dans d'autres sports, comme le judo, pour une action équivalente on parle de *mort subite* – et là c'est davantage la posture du perdant et sa peine immense qui s'illustrent, plus que la gloire du vainqueur paré d'or.

Au football, ce point de règlement n'a pourtant brillé que pendant une dizaine d'années, entre 1993 et 2004 lors de compétitions internationales.

Parmi les épisodes marquants, on retiendra que l'Allemagne a remporté la finale de l'Euro 1996 sur un but en or. Mais la France possède le record car elle s'est imposée à quatre reprises grâce à ce principe : en finale de la Coupe des confédérations 2003 (Henry, 98ᵉ minute de jeu), en huitième de finale de la Coupe du monde 1998 après un match serré face au Paraguay (Blanc, 114ᵉ minute) et bien sûr deux fois à l'Euro 2000, en demi-finale avec un penalty de Zidane à la 117ᵉ minute et en finale avec la légendaire demi-volée du gauche de Trézeguet à la 103ᵉ minute.

UN BUT VENU D'AILLEURS

Un but extraordinaire

La tournure *venu d'ailleurs* renvoie à une dimension étrangère qui peut se lire dans un cadre extranational : un *but venu d'ailleurs* renverrait à un but extraordinaire et « exotique », inscrit lors d'un championnat de football dans un lointain pays étranger. Cette expression, en se popularisant, a gagné en intensité : l'*ailleurs* peut désormais dépasser la planète et transcender la condition humaine.

D'autres expressions comme *un but d'extraterrestre*, certes moins fréquentes, nous renvoient vers l'hyperbole et l'exagération qui peuvent accompagner l'émotion dans la description d'un geste ou d'une action extraordinaires. Cet *ailleurs* devient un au-delà, qui dépasse les limites, tant du côté de la physique que de celles de notre imagination ; on parle aussi d'un *but venu de nulle part*. Surtout s'il est marqué par un membre des « Galactiques », surnom du Real Madrid lorsque, dans les années 2000, il alignait une équipe d'étoiles.

Dans les années 1980, cet *ailleurs* pouvait aussi prendre forme depuis le Japon ; les buts les plus incroyables n'ont-ils pas été matérialisés par des dessins animés nippons, comme la mythique série *Olive et Tom* ? ➘

UN BUT VENU D'AILLEURS

L'expression est apparue avec les premières années de Téléfoot *sur TF1. Les* buts venus d'ailleurs *étaient ceux des championnats étrangers. Mais les commentateurs n'étaient pas de parfaits interprètes. C'est ainsi que, pendant quelques semaines, on a entendu parler d'un certain « Eigentor », buteur prolifique en provenance de la Bundesliga allemande. Sauf qu'*eigentor *signifie « contre son camp » dans la langue de Gerd Müller.*

UN CACHOU

Une frappe puissante

Dans la panoplie de la grande attaquante et du grand attaquant, la frappe reste l'un des éléments fondamentaux à posséder. La réussite d'un tel geste repose sur plusieurs paramètres. Ainsi, la puissance d'une frappe lui confère généralement la vitesse nécessaire pour tromper la vigilance du gardien de but.

En escalade, le *cachou* fait référence à une minuscule prise pour le bout des doigts ou la pointe des pieds. Dans le cas du football, on ne voudrait pas opposer ces parties sensibles du corps au ballon afin de stopper un tel tir. La référence à la pastille brune aromatisée (confectionnée à partir du bois et des gousses fraîches de l'acacia à cachou) semble évidente par rapport à la taille de la prise en escalade ; concernant le football, c'est peut-être plutôt la vigueur aromatique de la confiserie qui donnerait la charge de puissance à un tel tir.

L'expression *tirer un cachou* est sans doute en perte de vitesse aujourd'hui, contrairement aux balles qu'elle caractérise.

UN CAFÉ-CRÈME

Un dribble qui permet l'élimination rapide et spectaculaire d'un adversaire, souvent avec une touche d'humiliation

À ne pas confondre avec le *coup de latte*, dans le registre des expressions savoureuses du football, le *café-crème* est une référence générique à un geste en attaque qui permet d'éliminer son adversaire de manière spectaculaire et rapide. Ce dernier peut d'ailleurs rester immobile, figé par la surprise, ou même être renversé.

Le mot composé *café-crème* serait apparu en 1898, d'après le *Dictionnaire historique de la langue française*. L'expression associée au sport viendrait du hockey sur glace. Le *café-crème* s'effectue sur le palet avec un geste de double contact, intérieur puis extérieur de la crosse. L'image évoquée rappelle celle du sucre que l'on touille dans une tasse, comme pour agrémenter un bon café-crème d'un peu plus de douceur.

Au football, on retrouve aussi le *double contact*, mais l'expression s'est étendue aux gestes de dribbles en tous genres avec les passements de jambe ou les petits ponts. Dans sa chanson *Chourmo FC*, le groupe Massilia Sound System associe ce geste à toute une panoplie :

« Petit pont, grand pont, sombrero, café crème
Roulette, plat du pied, on leur pose des problèmes. »

Pour les spectateurs, le *café-crème* est un geste qui se déguste, alors que les défenseurs humiliés, eux, dégustent.

UN CAFOUILLAGE DANS LA SURFACE

Une action confuse au cours de laquelle le ballon semble incontrôlable

Certaines actions entrent dans la légende du football grâce à la beauté et à la fluidité des gestes : frappe millimétrée, reprise de volée, dribbles chaloupés, une-deux dévastateur... Mais certaines séquences sont hélas beaucoup plus confuses, lorsque le ballon semble faire des caprices, n'être contrôlé par aucune des équipes, lorsqu'il passe d'une tête à une autre, lorsqu'il rebondit sur un tibia avant de heurter un dos, lorsqu'il est contré involontairement par un joueur qui le renvoie sur un autre qui, lui, le dévie ailleurs... On parle alors de *cafouillage* et, si la zone s'y prête, de *cafouillage dans la surface*.

Selon le *Dictionnaire historique de la langue française* d'Alain Rey, le verbe *cafouiller*, qui a donné le substantif *cafouillage*, vient d'une forme dialectale du Nord de la France et de la Belgique (Picardie, Wallonie) et serait constitué d'un croisement entre *cacher* et *fouiller*. Il pourrait aussi être composé du verbe *fouiller* agrémenté du préfixe *ca-*, qui renvoie au latin *cavus*, « creux ». Le verbe est passé en argot national à la fin du XIXe siècle, mais on cherche toujours son étymologie précise... tout comme on cherche le ballon dans un cafouillage.

UNE CAGE INVIOLÉE

Se dit en référence à une équipe qui n'a encaissé aucun but

L'expression *cage inviolée* peut paraître assez déroutante tant les deux termes semblent éloignés du football et empreints de connotations très négatives. La *cage*, tout d'abord, fait référence au but. Certes, les poteaux peuvent évoquer des barreaux et les filets une certaine idée d'enfermement ; pourtant, c'est sans doute du côté du domaine de l'habitat qu'il faut chercher son origine, surtout si l'on ajoute l'homonymie qui, par analogie, rappelle le *gardien* et la *cage*… d'immeuble.

Le participe passé *inviolée* est ambigu car il renvoie au *viol* (comme acte criminel de nature sexuelle), mais il est aussi une dérivation de *violation* (définie par *Le Grand Robert* comme une « action de violer une chose, un lieu sacré ou protégé par la loi. »). En dépit de sa connotation sexuelle, l'expression s'applique davantage au registre du sacré et à la conception du but comme un sanctuaire symbolique que chaque équipe tente de protéger.

On ne parle pas de *violeur de cage* pour les buteurs, car l'inversion de l'ordre des mots de l'expression pourrait accentuer la confusion avec le crime. C'est de la cage avant tout dont il est question, et non de la personne. Le préfixe *in-* est un marqueur négatif qui neutralise le sens initial de l'adjectif *violé*. Alors que l'expression *défense impénétrable* existe, elle est plutôt rare, comme la plupart des références à caractère sexuel au football.

LE CAPITANAT

Titre officiel du responsable des joueurs sur le terrain

Le *capitanat* est à la fois une charge et un honneur. Le capitaine se reconnaît à son brassard sur le terrain. Ses obligations commencent avant le coup d'envoi et permettent le bon déroulé de la rencontre. En discussion avec l'arbitre, le capitaine prend les décisions pour son équipe dans le choix de la partie de terrain ou dans la prise du coup d'envoi à l'issue du tirage au sort d'avant match. Son rôle se poursuit tout au long de la rencontre afin de favoriser le dialogue et d'organiser son équipe, quitte à pousser des « coups de gueule ».

Souvent symbole de son équipe, le capitaine cristallise des valeurs qu'il doit porter haut et fort. Parmi les capitaines célèbres, on peut citer Jean-Michel Larqué dont le surnom, « Cap'tain Larqué », s'est popularisé dans sa reconversion des terrains de Saint-Étienne jusqu'aux ondes radiophoniques françaises.

Le mot est un dérivé de *capitaine*, issu du latin *capitaneus*, d'après *caput* (« tête ») associé au suffixe *-aneus*. Le *capitaneus*, qui est au sommet, qui domine, a fini par désigner un chef militaire : pas étonnant, alors, de voir le capitaine motiver ses troupes sur le terrain.

LE CAPITANAT

L'entraîneur choisit un capitaine (généralement validé par le président du club) souvent respecté de ses coéquipiers et qui correspond à sa philosophie de jeu. Didier Deschamps était comme le fils spirituel d'Aimé Jacquet. Pas besoin qu'il s'agisse du joueur le plus technique. C'est un fédérateur, qui a une autorité naturelle, une certaine intelligence pour parler aux différents acteurs. C'est comme un Premier ministre : fonction nécessaire et exigeante. Ce n'est pas vraiment un cadeau. À mon avis, il est probablement aussi important que le coach pendant le match.

UN CARTON JAUNE-ORANGÉ

Un carton jaune qui aurait pu être rouge en raison de la gravité de la faute commise

L'arbitre dispose de deux cartons pour sanctionner les joueurs et les dirigeants : un carton jaune qui constitue un avertissement et un carton rouge qui signifie une exclusion du terrain. Recevoir un deuxième carton jaune dans le même match entraîne automatiquement un carton rouge. Mais il n'existe pas de couleur intermédiaire. Pourtant, les commentateurs parlent souvent de *carton jaune-orangé* ou *jaune-orange*... Certaines fautes sont en effet tellement graves qu'elles mériteraient sans doute plus qu'un carton jaune, sans forcément aller jusqu'au rouge.

Le carton jaune-orangé - imaginaire - est souvent évoqué lorsqu'une grosse faute est commise en début de match : le joueur ne reçoit qu'un carton jaune, mais si la faute avait été commise en fin de match, il ne bénéficierait pas de la même mansuétude de la part de l'arbitre. Le carton jaune est donc parfois un moyen pour l'arbitre de ne pas tuer le match en réduisant trop tôt une équipe à dix joueuses ou à dix joueurs. Le carton jaune-orangé est une sorte de sursis, forcément contesté par l'équipe victime de la faute, qui aurait préféré que *l'arbitre voie rouge*.

UN CARTON JAUNE-ORANGÉ

La gravité de la faute est à l'appréciation de l'arbitre, comme toutes les autres règles. Alors que le carton jaune est parfois anecdotique dans un match, contrairement au handball ou au rugby, le carton rouge est la punition la plus sévère. Pas d'entre-deux. Le carton jaune-orangé*, c'est le jaune qui aurait pu être rouge. Pour celui qui le reçoit, ce sera tolérance zéro et le deuxième carton arrivera probablement plus vite que pour les autres. L'orange passe au rouge.*

CASSER LES REINS

Dribbler un défenseur de manière déroutante

« J'casse des reins comme Riyad Mahrez » chante JuL dans *Alors la zone*. La star marseillaise du rap français ne parle pas d'un joueur de l'OM mais de l'attaquant algérien qui évolue à Manchester City et qui a l'habitude de déborder ses défenseurs. Contrairement aux apparences, le cassage de reins n'a rien de violent et ne constitue aucunement un attentat.

Casser les reins consiste à dribbler à l'aide de gestes vifs, crochets enchaînés ou doubles contacts déroutants, qui laissent l'adversaire « sur place ». Ce dernier, décontenancé par les trajectoires du ballon et de l'attaquant, semble se casser les reins – c'est une métaphore –, se faire un tour de rein à force de se contorsionner. Les plus grands dribbleurs savent ainsi se jouer de leurs adversaires et les ridiculiser en les réduisant à l'immobilité face à leur vista (leur clairvoyance sur la stratégie de jeu) ; le tour de rein est une forme de mystification. Souvenons-nous des grands spécialistes de cette forme de torture pour les défenseurs comme le Brésilien Mané Garrincha, le Suédois Roger Magnusson ou le Nigérian Jay-Jay Okocha. ↘

CASSER LES REINS

Arrêtons d'accabler les défenseurs, c'est un dur métier et on en voit plus volontiers les défauts que les qualités. Alors que les attaquants cassent parfois des reins, Samuel Umtiti préfère casser la démarche.

LE CATENACCIO

Désigne un système de jeu très défensif

Le football peut être très spectaculaire mais il arrive que certains matchs soient vraiment ennuyeux. Soit en raison des pieds carrés des protagonistes, soit en raison de systèmes de jeu qui s'attachent à préserver un résultat et à jouer sur un mode ultra-défensif plutôt qu'à privilégier un jeu fantasque, basé sur l'offensive. C'est le cas du catenaccio.

Le mot vient du latin *catena*, « chaîne », qui a donné l'italien *catenaccio*, « verrou ». Mais l'usage de ce mot dans le vocabulaire du football est un calque de ce qu'on a appelé le *verrou suisse* (de l'allemand *Riegel*), un système de jeu prôné par Karl Rappan, l'entraîneur autrichien du Servette de Genève, qui ajoute un libero pour renforcer la défense. Entraîneur de l'équipe de Suisse à la Coupe du monde 1938 en France, Rappan illustre l'efficacité de ce système qui sera repris après-guerre en Italie, notamment par l'entraîneur Nereo Rocco, qui va l'imprimer au Milan AC dès 1961. D'autres clubs suivront, ce qui fait que le catenaccio est étroitement associé à l'Italie, aux clubs et à la Nazionale qui a en effet pratiqué ce système de jeu pendant longtemps.

Pour un match remporté 1-0 par une équipe défensive, on parle alors de *victoire à l'italienne*, et le catenaccio est associé à un principe selon lequel seul le résultat compte. ↘

LE CATENACCIO

Le jeu est fermé et purement défensif. Victoire 1-0. C'est efficace, mais pas franchement spectaculaire. Mais il faut savoir ce que l'on veut. Gagner ? Dans ce cas, c'est un bon plan de jeu ! Ce système a également été popularisé au-delà des frontières italiennes par Helenio Herrera (« HH ») dans les années 1960, qui l'a appliqué avec succès à l'Inter de Milan. Cela a été une des sources d'inspiration pour l'équipe de France d'Aymé Jacquet.

UN CAVIAR

Une passe qui amène à un but inratable

Sport collectif, le football n'en demeure pas moins un jeu dans lequel le buteur occupe une place centrale. Mais s'il est capable d'exploits individuels, il n'est rien s'il ne reçoit pas de bons ballons, s'il ne bénéficie pas de passes efficaces de ses partenaires. Parmi celles-ci, il y a le *caviar*, la passe décisive tellement précise qu'elle amène infailliblement à un but (sauf raté ou boulette énorme de l'attaquant).

La métaphore avec la préparation gastronomique de luxe est double. Il faut d'abord y voir la rareté : ordinairement, une passe n'est décisive que si l'attaquant réalise un geste efficace pour transformer la passe en but ; le caviar offre un but « tout fait ». Il faut aussi y voir la délicatesse, le côté fin gourmet : le caviar met l'attaquant en position idéale et presque sereine puisqu'il n'a plus qu'à la mettre au fond ; tout le monde peut déguster, savourer le but ainsi offert à l'attaquant. Et dire qu'à la place certains *bouffent la feuille de match*.

UN CENTRE-TIR

Un tir dont on ne saurait dire s'il est volontaire ou le fruit d'un mauvais centre

Le centre est un geste important en phase offensive : effectué depuis l'un des côtés, il permet d'adresser un ballon au centre, en direction des attaquants de l'équipe afin qu'ils le reprennent victorieusement. Certains centres ratés, dévissés, finissent *au troisième poteau* ou dans les tribunes, directement expédiés en corner par maladresse. D'autres, *au cordeau*, trouvent infailliblement leur attaquant.

En revanche, certains ont un destin particulier : par un jeu de trajectoire et de placement du gardien, ils se transforment en tir involontaire qui, parfois, finit au fond des filets. Le jeu des journalistes consiste alors à demander à l'auteur du geste, à la fin du match, s'il l'a fait exprès ou si son tir n'est que le fruit heureux d'un centre raté. Les plus honnêtes avouent et en rient, mais certains tentent de s'approprier un geste qu'ils n'ont visiblement pas maîtrisé.

« Le centre-tir n'existe pas, c'est un centre ou un tir », m'avait dit un jour Robert Herbin, entraîneur mythique de Saint-Étienne, critiquant un de mes commentaires de la veille sur TF1. Comprendre : le centre-tir est un tir raté ou un centre raté. Mais avec un peu de chance, ça finira sur la tête de la spécialiste Wendie Renard.

CENTRER AU TROISIÈME POTEAU

Rater un centre qui part trop loin de la surface de réparation

Non, rassurez-vous, vous avez bien compté : il n'y a que deux poteaux dans une cage de but. On peut *centrer au premier poteau* en espérant qu'un attaquant coupe la trajectoire du ballon pour empêcher le gardien de s'en emparer (mais le gardien peut aussi *couvrir son premier poteau*), ou bien *centrer au deuxième poteau* en faisant en sorte que le ballon, suffisamment haut, passe au-dessus du gardien et des défenseurs pour trouver un partenaire démarqué.

Entre le premier et le deuxième poteau, le ballon peut éventuellement atterrir au milieu du paquet, et advienne que pourra. *Quid* de ce *troisième poteau* alors ? Eh bien lorsqu'un centre est mal dosé, trop puissant, il dépasse le premier poteau, le centre, le deuxième poteau... pour poursuivre sa course loin, sous les regards dépités des attaquants et ceux soulagés des défenseurs. C'est à ce moment-là que les commentateurs, facétieux, parlent de *centre au troisième poteau*, ce poteau imaginaire que le centreur maladroit aurait visé.

Nous utilisions souvent l'expression lorsque nous commentions les matchs avec l'irremplaçable Didier Roustan (« Roustaninho », pour les intimes) dans les années 1980 sur TF1. Un centre ou un corner au troisième poteau *est un coup raté de beaucoup. Cela me rappelle une expression militaire, le* tir au journal. *Si une armée tire un obus sans viser, elle doit acheter le journal le lendemain pour savoir où il est tombé. À la différence près que les ballons au troisième poteau finissent rarement dans* L'Équipe.

UN CHAMP DE PATATES

Un terrain de football dont la pelouse est en très mauvais état

Selon les responsables de la filière concernée, il existe en France près de 145 000 hectares et plus de 8 000 exploitations agricoles professionnelles dans le secteur de la pomme de terre. Si la comparaison est difficile, notons tout de même plus de 38 000 terrains dédiés au football. Avec une moyenne de 7 000 m² par terrain, cela donne une superficie totale de plus de 26 600 hectares de « football ». Avec plus de 15 000 clubs affiliés à la Fédération française de football, on peut tenter l'analogie et le croisement des données pour dire qu'il existe plus de surfaces exploitées pour faire pousser des tubercules que des graines de champions du ballon rond. Il n'en reste pas moins que le nombre de fabriques de talents représente le double de celui des domaines agricoles exploitant la pomme de terre.

L'expression *champ de patates*, lorsqu'elle s'applique à un terrain, renvoie à une mauvaise qualité du sol, parsemé de nombreuses bosses. Cela ne plairait pas aux jardiniers en charge de cet espace primordial, quasiment impraticable (même pour le gratin du football), que ce soit pour le bon déroulement d'une rencontre ou même pour un entraînement. Si le *champ de patates* n'empêche pas de *tirer des mines*, son apparence semble en être criblée et ses aspérités ne permettront sans doute pas les meilleures inspirations pour des gestes épurés.

Les champs de patates
n'existent plus dans le haut niveau.
On change désormais le gazon
comme on changerait
une moquette. Les mauvais
terrains pénalisent la meilleure
équipe en ajoutant des rebonds
hasardeux. Mais le charme
de la Coupe de France ou
du foot amateur réside aussi
dans ces champs de patates.

LA CHARNIÈRE CENTRALE

Le duo complémentaire de défenseurs centraux

Pour *Le Petit Robert*, une *charnière* est une « attache articulée composée de deux pièces métalliques enclavées l'une dans l'autre et réunies par un axe commun autour duquel l'une d'elles au moins peut tourner librement ». Plusieurs de ces caractéristiques se retrouvent dans la considération footballistique de la charnière. Tout d'abord, les deux pièces sont généralement deux joueurs robustes. Leurs déplacements sont complémentaires l'un par rapport à l'autre et s'articulent suivant l'axe du terrain (zone face aux buts). L'expression *charnière centrale* met en avant la solidité et l'agencement d'une paire de joueurs en défense.

Parmi les duos les plus célèbres et les plus efficaces, on peut citer Chiellini et Bonucci, dans les années 2010, Cris et Caçapa dans les années 2000, Blanc et Desailly dans les années 1990, Koeman et Rijkaard dans les années 1980 ou encore Adams et Trésor dans les années 1970 (surnommés « la garde noire »).

CIRER LE BANC (DE TOUCHE)

Attendre longuement avant de pouvoir entrer (ou pas) en jeu

L'expression *cirer le banc* (ou *chauffer le banc*, *faire banquette*) n'est pas de celles qui sont les plus plaisantes à entendre lorsqu'elles vous concernent. Surtout, elle n'est pas annonciatrice d'actions glorieuses. Elle concerne en effet le temps long, très long, passé à attendre sur le banc de touche que l'entraîneur décide de vous faire entrer en jeu… ou pas. Pendant ce temps, vous *cirez le banc*, pas loin des *coupeurs de citron*. Lorsqu'un joueur enchaîne les non-titularisations, on dit de lui qu'il *est plus habitué à cirer le banc qu'à jouer*.

Un poste est souvent concerné par une telle attente : celui de troisième gardien. Par sécurité, la plupart des équipes engagent au moins trois gardiens alors que ce poste est celui qui connaît le moins de changements au cours du jeu.

L'origine de l'expression remonterait à la Coupe du monde 1986, et c'est Luis Fernandez qui en serait l'auteur. Il aurait dit des remplaçants « habitués à cirer le banc », qu'ils « ne risquaient pas d'altérer leur brushing ». Le transfert de la cire pour cheveux à celle utilisée pour lustrer le bois (du banc de touche) est donc tout trouvé. Il reste peut-être un autre type de cirage à envisager pour jouer, bien flatteur : le cirage de pompes…

CIRER LE BANC (DE TOUCHE)

Chauffeur-cireur, c'est un vrai métier. Certains joueurs sont titulaires du banc. Les bancs de touche n'existent plus que dans le football amateur. Les joueurs professionnels sont plus souvent installés dans des fauteuils classe affaires, comme s'ils partaient pour un vol long-courrier : emmitouflés, sans leurs chaussures parfois, pas vraiment prêts à rentrer en jeu. Pas vraiment « chauds », donc. Et parfois dans le cirage.

UN CISEAU

Un geste acrobatique effectué avec les jambes pour marquer un but

Quand on qualifie avec mépris une équipe de *coiffeurs*, ce n'est pas une histoire de ciseau. Le ciseau (aussi appelé *ciseau retourné*, *bicyclette*, *retournée* ou *retournée acrobatique*) est en effet réservé aux plus grands attaquants. Geste ultime, sublime, soudain, le ciseau est au sommet de la hiérarchie des tirs car il combine plusieurs difficultés : le joueur est dos au but (avec une visibilité réduite pour viser, quasiment à l'instinct), il doit propulser le ballon fuyant, à l'envers, derrière lui. Après une impulsion qui lui permet de décoller du sol, le joueur, à l'horizontale ou carrément tête en bas, effectue un mouvement de cisaille avec ses jambes pour attraper le ballon et le propulser au fond des filets.

Tenter ce geste, c'est s'exposer à rater le ballon tant la fenêtre de tir est courte (le *ciseau* consiste à reprendre le ballon de volée, sans aucune possibilité de contrôle) ; et si le ballon est attrapé, grandes sont les chances de l'expédier dans les tribunes, étant donné qu'il est extrêmement difficile, à si haute vitesse, de présenter la bonne surface de pied et de parvenir à atteindre la cible. Enfin, en se lançant dans un ciseau, le joueur accepte de ne pas contrôler sa retombée au sol, souvent sur le dos. Autant dire qu'il est extrêmement rare de voir des ciseaux, ce qui rend les buts marqués de cette façon d'autant plus spectaculaires, à couper le souffle.

UN CISEAU

À Paris, dans les nineties, *nous faisions des campagnes publicitaires avec les bicyclettes d'Amara Simba. Comme la talonnade, le ciseau compense un placement trop en avant. C'est un geste de rattrapage (selon Michel Platini), mais le plus beau de tous. Le retourné de Cristiano Ronaldo, en quart de finale de Ligue des champions en 2018 avec le Real Madrid contre la Juventus Turin, est un diamant b(r)ut, qui a fait lever tout le stade, même les supporters turinois.*

UN (MATCH DE) CLASSICO

Un match qui oppose deux grandes équipes, historiquement rivales, dans un championnat national

Dans l'événementialisation du spectacle footballistique, l'exacerbation des oppositions est un des ressorts les plus classiques et efficaces. Dans ces antagonismes radicaux, l'histoire se crée et est mise en scène de part et d'autre. Si le football moderne n'a pas plus d'un siècle et demi, des affrontements qu'on veut historiques n'ont souvent pas le quart de cet âge en France. Le terme *classico* s'emploie en français avec le O final qui fait référence à l'emprunt au castillan *clásico*, qui désigne l'opposition entre le Real Madrid et le FC Barcelone (la graphie n'est pas standardisée en français et on voit aussi le S unique mais sans l'accent tonique sur le A : *clasico*). Dans la plupart des pays, un mot en référence au classique évoque l'opposition historique entre deux grands clubs (comme au Portugal entre le Benfica Lisbonne et le FC Porto, *O Clássico*).

Il reste que, dans ces jeux d'oppositions, des créations lexicales multiples nous donnent à sourire, ou du moins à découvrir une ingéniosité dans des termes nouveaux tels que le *celtico* pour l'opposition entre les équipes de Rennes et Guingamp. On imagine que la Bretagne doit alors apprécier de sortir des querelles de son rattachement ou non avec Nantes...

Comme une preuve d'une médiatisation croissante, le football professionnel dit *féminin* a désormais son classique : le *classique féminin* entre les équipes féminines du PSG et de l'OL. Les Olympiques restent donc les adversaires classiques du club parisien dans l'élite, afin de rejouer les oppositions entre la capitale et la province. ↘

UN [MATCH DE] **CLASSICO**

L'opposition entre Paris et Marseille est un concours de circonstances. Canal + a racheté le PSG au début des années 1990 car le championnat de France était le feuilleton phare de la chaîne et qu'un des personnages principaux était sur le point de disparaître. En face de nous, il y avait le Marseille de Bernard Tapie. L'équipe sudiste était de très haut niveau et leur président un compétiteur dans l'âme. Alors que je ne connaissais le football que par le prisme du journalisme sportif, Bernard Tapie a été de ceux qui m'ont vraiment appris mon métier de président de club, avec Michel Platini. Il m'a (parfois) présenté les bonnes personnes.
Nos deux équipes se sont renforcées dans la rivalité et ont dominé le football français (et parfois européen) à la même période.
Le classico français était né.
Il y a dix ou quinze ans, un soir de PSG-OM peu flamboyant, Bernard Tapie m'appelle :
« Qu'est-ce qu'on se fait chier ! »
Cela a bien changé depuis.

LA CLÉ DU MATCH

L'élément ou la caractéristique qui fait basculer un match

Dans la vie quotidienne, il faut avoir la bonne clé pour ouvrir une porte. Au football, la *clé du match* est l'élément principal qui va permettre à une équipe de l'emporter. La *clé* symbolise le fait de décoincer ou débloquer une situation, lorsque l'issue reste incertaine et que le match n'est pas plié. Reste à trouver cette fameuse clé, qui peut prendre différentes formes. Il peut s'agir de la possession de balle, de la bataille du milieu de terrain, des duels gagnés, des coups de pied arrêtés…

En cas de catenaccio, il faudra « forcer le verrou » de la défense. Parfois, c'est sur un joueur ou une joueuse que repose le destin de la partie, et l'on compte alors sur la réussite d'un attaquant ou d'une attaquante, ou encore sur un exploit individuel. Peu importe le paramètre, l'important est d'avoir une victoire à la clé.

On notera que ce point est souvent l'objet de débats, que ce soit dans les prédictions des experts avant la rencontre (« la clé du match, ce sera… »), pendant ou après. Mais il est plus facile de trouver la bonne clé une fois que les portes ont été ouvertes… quitte à les enfoncer.

LA CLÉ DU MATCH

Quelle est la clé du match ? *Je posais toujours cette question à Michel Platini quand nous présentions ensemble les matchs de Ligue des champions sur Canal +. Il avait souvent une analyse très fine, qui donnait le sentiment de mieux comprendre le sport, de voir un autre match. Quand il ne savait pas quoi dire, il nous faisait rire en enfonçant une porte ouverte : « La clé du match, ce sont les buts. »*
La clé du match peut être visible et prévisible (un attaquant prolifique, les arrêts du gardien) ou plus subtile et tactique (marquage, mouvements préparés à l'entraînement). La clé est différente pour chaque match et celle prévue n'est pas forcément la bonne. Mais il y a quand même des serruriers d'exception.

UN COACHING GAGNANT

Désigne les changements de joueurs décisifs effectués par l'entraîneur

Il y a à peu près autant d'entraîneurs que de (télé)spectateurs : en tout cas, chacun a son opinion sur l'équipe à aligner, la stratégie à adopter, les changements à effectuer... Mais seule une personne est habilitée à diriger l'équipe : l'entraîneur, aussi appelé avec son équivalent anglais, le *coach*. Lorsque celui-ci effectue des changements de joueurs qui s'avèrent décisifs pour l'issue de la rencontre (typiquement, quand un remplaçant marque un but ou fait une passe décisive), on parle alors de *coaching gagnant*.

Les débats ne seront pas clos pour autant : pour certains, les entraîneurs n'ont pas de rôle décisif pendant la rencontre, seuls les joueurs sur le terrain seraient à même de changer ou non le cours des choses. En tout cas, fruit du hasard, coup de chance ou vraie décision judicieuse, le coaching gagnant est une occasion pour les entraîneurs de marquer des points.

UN COACHING GAGNANT

C'est une expression gratifiante pour un entraîneur. Mais, à mon avis, si le coaching est gagnant, c'est qu'il corrige un coaching qui était d'abord perdant. Eh oui.

UNE COMBINAISON (DE JEU)

Une séquence de jeu spécifique impliquant plusieurs joueurs

La *combinaison de jeu* peut *se faire*, mais bien souvent elle *s'exécute* tel le magicien qui exécute un tour durant son spectacle. Au football, la combinaison implique nécessairement une ou un autre partenaire, comme dans le *une-deux* (le mot vient du bas latin *combinatio*, « association de deux choses »). Mais elle peut aussi se complexifier par le nombre d'intervenants et la multitude d'actions impliquées. Dès lors, on distingue les combinaisons avec et sans ballon, comme les courses qui vont appeler des joueurs adverses et créer des espaces.

Les combinaisons sont souvent préparées à l'entraînement puis répétées de nombreuses fois avant d'être tentées et réussies en plein match. Les phases de coups de pied arrêtés sont plus propices à ce type de séquences de jeu. Elles peuvent alors être annoncées sous forme de code ou chuchotées, comme un secret qui sèmera, par son effet de surprise, la confusion chez l'adversaire et facilitera la réussite de l'attaque. Si elles sont plutôt associées au jeu offensif, quelques rares combinaisons défensives existent.

UNE CONDUITE DE BALLE

Un déplacement effectué tout en contrôlant le ballon

La *conduite de balle* consiste, pour une joueuse ou un joueur, à se déplacer en gardant le ballon dans les pieds, le temps de trouver un partenaire ou d'être en position de tir, tout en progressant sur le terrain, en largeur ou en profondeur. Il faut pour cela donner de légers coups de pied dans le ballon (en utilisant préférentiellement l'intérieur ou l'extérieur du pied), entrecoupés de pas plus ou moins rapides.

Dans une zone où se trouvent des adversaires, la conduite de balle est dite *courte* lorsque le ballon reste près des pieds mais, dans une zone dégagée, pour aller plus vite de l'avant, la conduite de balle peut être *longue* avec un ballon expédié plus fort et plus loin, ce qui permet à la joueuse ou au joueur d'accélérer sa course. La conduite de balle peut être complémentaire à des dribbles. Évidemment, un ballon bêtement perdu dans ces circonstances vaudra un zéro de conduite.

La seule conduite sans permis qui soit autorisée. La belle conduite de balle, *c'est celle du joueur qui sait garder le buste droit et la tête haute, regarder autour de lui sans se soucier du ballon. J'ai toujours admiré la manière dont Megan Rapinoe ou Paul Pogba conduisent la balle. Toutes les grandes joueuses et tous les grands joueurs sont de bons conducteurs, mais il y a parfois embouteillage devant le but.*

UN CONTRÔLE

Un geste qui permet de s'assurer de la maîtrise du ballon

Si le *jeu sans ballon* a son importance (afin de mettre la pression sur son adversaire ou réduire son champ des possibles), ce qui attire le plus le regard c'est le jeu avec le ballon, car c'est l'objet même du football. Avoir la balle ne signifie pas forcément savoir quoi en faire, surtout sans avoir le droit de la saisir avec les mains ; cependant les possibilités sont multiples. Comme joueur de champ, on peut *contrôler* de la tête au pied, à l'exception de l'épaule jusqu'au bout des doigts.

Ainsi la balle doit-elle être gardée plus ou moins longtemps après une récupération et avant d'être donnée (ou projetée dans le but ou hors des limites du terrain). C'est dans cette phase que le *contrôle* prend tout son sens de « maîtrise ». Le contrôle orienté est un geste qui ajoute une dynamique à la maîtrise du ballon en le conduisant vers l'étape suivante dans l'action. D'ailleurs le verbe *effectuer* renvoie à l'exécution, à l'accomplissement. On ne parle donc pas d'un simple rebond heureux contre un corps, mais bien d'une coordination des membres avec une temporalité précise. On pourrait parler alors d'*art du contrôle*, plus que de *technique*, tant la mécanique ici ne tient pas du simple automatisme mais bien d'une pratique rituelle, et parfois même magique.

C'est la première chose sur laquelle on juge un joueur. Les Brésiliens excellent dans l'art du contrôle (et dans de très nombreux autres gestes techniques d'ailleurs). Le ballon est comme collé au pied de Raí ou de Ronaldinho, même sur une passe d'un bout à l'autre du terrain. Dans le fond, les plans de jeu m'intéressent assez peu. Ce que j'aime, c'est voir une équipe soudée, de bons contrôles, des passes justes et des tirs dans le cadre.
Joga bonito.

UN CORNER À LA RÉMOISE

Un corner joué en deux temps

Dans les années 1950-1960, le stade de Reims a écrit des pages légendaires de l'histoire du football français. Premier grand club français international, six fois champion de France, deux fois vainqueur de la Coupe de France, deux fois finaliste de la Coupe d'Europe des clubs champions, il a aussi donné son nom à une action particulière. Le *corner à la rémoise*, aussi appelé *corner en deux temps*, nécessite un partenaire situé à proximité, auquel on peut faire une passe ; le joueur va alors, dans le fameux deuxième temps, faire un centre, une passe en retrait ou repasser le ballon au tireur de corner.

C'est Raymond Kopa lui-même qui s'attribue la paternité du corner à la rémoise, dans le numéro de décembre 2012 du magazine *But !* Lorsqu'il jouait à Reims (de 1951 à 1956 puis de 1959 à 1968, après une escapade au Real Madrid entre 1956 et 1959), il trouvait inutile de tirer un corner direct étant donné que le plus grand attaquant de son équipe, Just Fontaine, culminait à 1,75 m. L'idée était de revenir, *via* le corner, à une phase en mouvement pour déstabiliser la défense, faute de pouvoir compter sur de grands gabarits. Ce type de corner, dont beaucoup ont oublié les origines, se pratique encore et constitue pour certaines équipes une phase de jeu très travaillée.

Le stade de Reims dominait le football français et européen dans les années 1950. Cette technique de corner a été créée par Raymond Kopa, l'un des plus grands joueurs français de tous les temps (Ballon d'or 1958), qui a préféré que le nom du geste honore son club plutôt que lui-même. Grand monsieur. C'est un moyen de se rapprocher du but et de créer un effet de surprise quand on n'a pas de joueurs de très grande taille pouvant marquer de la tête. Il y a encore des adeptes du corner à la rémoise *aujourd'hui, comme Messi ou Neymar, ou les équipes de Pep Guardiola.*

Cela ne fait pas franchement l'unanimité, car cette passe courte n'est pas très spectaculaire. Rien à voir avec le corner direct de l'Américaine Megan Rapinoe, lors des Jeux olympiques de Tokyo (2021). Ça décoiffe.

LE COULOIR

La bande de terrain qui longe la ligne de touche

On connaît les couloirs dans les maisons qui servent à relier plusieurs pièces. Au football, les couloirs relient les deux camps sur le terrain et longent chaque ligne de touche. On peut penser qu'ils sont exposés aux bruits car ils sont proches des tribunes, mais ce n'est pas leur principale caractéristique. Ils servent surtout à faire des débordements (balle au pied ou en appel) afin de mieux centrer la balle vers le but. Ils sont occupés par les joueuses et les joueurs dits *latéraux*, tant en position de défenseurs que de milieux de terrain ou d'attaquants.

Le couloir peut se confondre avec l'aile, mais il revêt généralement un sens plus large comme « zone de terrain » (sur l'ensemble de la longueur du terrain), alors qu'il qualifie au départ les joueurs en défense (*joueur de couloir*, contrairement à l'aile).

UN COUP DE CASQUE

Une tête puissante

Le jeu de tête propose plusieurs nuances. En phase défensive, il s'agit de renvoyer la balle le plus loin possible, donc de la frapper (avec le front ou le côté du crâne) avec force. En phase offensive, il s'agit de tromper le gardien, donc de placer la balle avec précision hors de sa portée. Cela mène les joueuses et les joueurs à anticiper des trajectoires et à faire de savants schémas géométriques dans leur tête... juste avant de la faire (la tête). Tête croisée ? décroisée ? plongeante ? piquée ? La panoplie est vaste mais, parfois, la subtilité n'aide pas. Une tête trop molle ou trop légèrement déviée peut atterrir dans les gants du gardien ou juste à côté. C'est alors que les regrets des commentateurs s'expriment : « Mais pourquoi ne pas avoir mis un bon coup de casque ? », autrement dit un *coup de boule puissant*, sans trop de calculs sur la trajectoire.

L'image d'un casque entourant la tête renvoie à la force brute mais aussi à l'absence de nuances, étant donné que les surfaces de contact de la tête sont réduites à une seule, rigide, qu'il suffit de mettre en opposition au ballon pour le propulser sans fioritures au fond des filets.

UN COUPE DE PIED DE COIN

Un *corner*

La terminologie du football vient massivement – et c'est logique – de l'anglais : le nom du sport lui-même en témoigne. Certains mots empruntés sont restés tels quels : *penalty*, *tacle*, *goal*... (dans ce livre, nous avons choisi de suivre l'orthographe *penalty*, sans accent, privilégiée par *Le Grand Robert*). D'autres ont trouvé leur équivalent français : *coup d'envoi* et pas *kick off*, *faute* et pas *foul*, *hors-jeu* et pas *offside*...

Le *corner*, terme le plus usuel, possède aussi un équivalent français en *coup de pied de coin*, traduction mot-à-mot de *corner kick*. Dans cette phase de jeu arrêtée, le ballon, qui a franchi la ligne de but (mais n'est pas dans le but) après avoir été touché par l'équipe qui défend, est remis en jeu sur l'un des deux coins, à l'angle de la ligne de touche et de la ligne de but, dans un petit arc-de-cercle.

Si le *corner* correspond au coin, donc à une zone du jeu, le mot est parfois employé par métonymie pour désigner la sanction elle-même : « Corner ! dit monsieur l'arbitre » ou bien « L'équipe concède un corner. » Ne pas confondre, comme l'a fait un jour un commentateur français sur une radio locale qui suit l'OM, le *coup de pied de coin* avec le *petit coin*...

LE COUP DU CHAPEAU (*HAT TRICK*)

Expression utilisée lorsque trois buts sont marqués par le même joueur dans un même match

L'expression *hat trick* trouve ses origines dans le cricket. Un mythe populaire voudrait que le joueur qui réussissait à éliminer trois batteurs (et donc adversaires) sur trois de ses lancers consécutifs ôtait alors son chapeau. Mais l'origine rapportée par l'*Oxford English Dictionary* nous parle plutôt d'un joueur qui n'en avait pas... H. H. Stephenson, célèbre joueur de cricket en 1858, aurait reçu un couvre-chef en récompense de son exploit. L'histoire ne dit pas si c'est un chapeau qui servit également à récolter les fonds pour payer le fameux trophée.

Pour en revenir au football, cette règle de trois réalisations reste fondamentale. Pour corser et valoriser un tel exploit, certains exigeraient, afin qu'un « vrai » *hat trick* soit validé, que les trois buts soient consécutifs, sans aucun autre but marqué entre temps (par un autre joueur de l'une ou l'autre équipe). D'autres puristes, comme l'explique Michel Denisot, s'attachent à la manière de conclure chaque but. Il est déjà rare pour une seule et même personne d'inscrire trois buts lors d'une rencontre, alors disons-lui au moins « chapeau ! », à défaut de lui en offrir un ou d'y voir un coup.

LE COUP DU CHAPEAU (*HAT TRICK*)

On galvaude l'expression en l'utilisant pour de « simples » triplés. Le vrai coup du chapeau *est une série de trois buts consécutifs non interrompue par l'adversaire. Et le* perfect hat trick, *c'est pied gauche, pied droit et tête. Le seul dont je me souvienne est celui de l'immense Michel Platini contre la Yougoslavie en 1984. La rareté fait le prix.*

LE COUP DU CRAPAUD (CUAUHTÉMOC)

Désigne le geste technique qui consiste à effectuer un saut avec le ballon coincé entre les deux chevilles

Le *coup du crapaud* est un geste rare. Tout comme l'animal auquel il fait référence, il n'a pas l'élégance associée à d'autres espèces mais il permet de se sortir d'un bourbier défensif afin de garder la balle. En effet, le geste consiste à effectuer un saut avec le ballon coincé entre les deux chevilles.

Popularisé par l'attaquant mexicain Cuauhtémoc Blanco, il est parfois identifié par antonomase (on parlera d'un *cuauhtémoc*, comme d'une *madjer* ou d'une *panenka*), mais il est plus rarement effectué donc forcément plus rarement prononcé. À noter que c'est le prénom et non le patronyme qui glisse vers la catégorie grammaticale du substantif. Mais surtout, hasard ou comble de l'étymologie, *cuauhtémoc* signifie littéralement en nahuatl « aigle descendant ».

Alors si la bave du crapaud n'atteint pas la blanche colombe, on pourra retenir que c'est l'aigle descendant qui a un jour créé le coup du crapaud afin de s'envoler par-dessus les défenses, balle collée au pied.

LE COUP DU FOULARD (*RABONA*)

Désigne la frappe de la balle faite en croisant la jambe derrière le pied d'appui

Le *coup du foulard*, ou *rabona*, est une bonne manière d'*enrhumer ses adversaires*, à condition de ne pas s'emmêler les pinceaux... Les artistes qui le pratiquent croisent leurs jambes en passant la jambe de frappe derrière celle d'appui, qui elle est au sol. L'amplitude du pied vers l'avant se trouve limitée et le risque de chute, lui, est amplifié.

Selon la FIFA, l'appellation *rabona* remonte à 1948. Et ce n'est pas une antonomase ! Elle vient de la publication d'un magazine argentin et du titre d'un article saluant le but exceptionnel marqué par Ricardo Infante : « *Un Infante que se hizo la rabona.* » En Argentine, *hacerse la rabona* signifie « faire l'école buissonnière ». Le jeu de mot avec le patronyme du joueur (*infante* veut dire « enfant ») vantait alors son audace juvénile à braver les codes du jeu classique en tentant une telle frappe.

Au Brésil, ce geste est aussi appelé *chaleira*, « théière, bouilloire », ou *letra*, « lettre », sans que l'on ne puisse retracer le chemin vers les origines de ces termes (ni connaître la fameuse lettre en question). Le premier coup du foulard filmé remonterait à 1957, avec Pelé lui-même. En Europe, c'est le joueur italien Giovanni Roccotelli qui l'a popularisé, sous le terme *incrociata* qui évoque un croisement avec les jambes ou les bras.

C'est souvent un geste un peu improvisé, qui permet de changer de pied pour frapper le ballon avec le meilleur des deux. Cela permet aussi de redresser une course mal embarquée. Les pieds bougent plus vite que le corps et que les yeux. En mai 2022, le déroutant Balotelli a marqué d'un coup du foulard dans un angle fermé après sept passements de jambe pour l'Adana Demirspor dans le championnat turc (la vidéo vaut le coup d'œil).

LE COUP DU SCORPION (HIGUITA)

Désigne le tir effectué lorsque le ballon se situe derrière le joueur, avec le talon ou la semelle et en plaçant le corps à l'horizontale

La silhouette d'un scorpion est facilement reconnaissable avec ses deux grandes pinces à l'avant du corps et son aiguillon crochu au bout d'une queue courbée à l'arrière. C'est en se cambrant ainsi pour dégager un ballon avec la semelle que le gardien colombien René Higuita a laissé à jamais son empreinte dans le football. Ce geste, qualifié de *coup de génie* ou de *coup de folie*, a été très peu reproduit après cette première piqûre en match officiel lors d'une rencontre amicale entre l'Angleterre et la Colombie. Le portier fantasque avouera ensuite qu'il avait souvent répété ce geste et que, s'il l'avait tenté ce 6 septembre 1995, c'est parce que le ballon lui parvenait dans les conditions idéales mais aussi parce qu'il avait vu le drapeau de l'arbitre assistant se lever pour un hors-jeu. Médusé par un tel geste, ce dernier abaissa son bras, comme pour laisser se répandre le venin du génie.

On parle parfois de *coup du scorpion* lorsque des buts sont inscrits grâce à une position proche mais plutôt avec la jambe d'appui plantée au sol pour une frappe aérienne du talon – à la place de la semelle (comme Olivier Giroud en 2017 lorsqu'il portait les couleurs d'Arsenal). L'ombre du scorpion s'éloigne un peu. On parle plus de l'animal que de son créateur, mais une *higuita* reste une antonomase célèbre et bien plus glorieuse qu'une *arconada*.

LE COUP DU SOMBRERO

Désigne le geste technique qui consiste à faire passer la balle par-dessus son adversaire puis à la reprendre afin de le dépasser

Le sombrero fait partie de la grande famille des dribbles spectaculaires. À la manière d'un grand pont aérien, la balle passe en cloche par-dessus l'adversaire direct. Ensuite récupéré par le dribbleur, le ballon a donc « coiffé » l'opposant et sa trajectoire a dessiné la forme du célèbre chapeau, très populaire au Mexique (comme dans le reste de l'Amérique latine). En espagnol, *sombrero* désigne de manière générique les chapeaux. Dans son emprunt en français, c'est davantage l'image du couvre-chef à bords larges que l'on imagine, même s'il reste imaginaire au football.

La réalisation de ce geste couvre donc l'adversaire d'un peu de ridicule tout autant qu'il fait rayonner son auteur ou son autrice. Généralement, il n'amène pas à un but casquette, mais il peut conduire à sombrer au moment de marquer. ↘

LE COUP DU SOMBRERO

C'est un geste marquant dans un match et les joueurs attendent la réaction du public. L'engouement est parfois comparable à celui d'un but. Raí adore ce geste. Il l'a appris en regardant faire les plus grands. Il aime raconter la finale intercontinentale entre São Paulo et Barcelone en 1992, au coup d'envoi de laquelle il réalisa un magnifique sombrero sur Pep Guardiola. Cela permit à son équipe de relâcher la pression. Ils l'emportèrent 2-1 (doublé de Raí).

LA COUPE AUX GRANDES OREILLES

Surnom de la coupe remise à l'équipe victorieuse de la Ligue des champions

La *coupe aux grandes oreilles* ne serait peut-être pas flatteuse si elle faisait référence au physique d'un joueur. Mais cette fameuse coupe est pourtant la reconnaissance la plus importante (symboliquement et financièrement) pour un club de football européen. D'ailleurs, la finale qui permet de la remporter pourrait s'apparenter à celle du Super Bowl pour son (sport) cousin américain.

Le trophée de la Ligue des champions se caractérise dans sa forme par deux grandes anses latérales dont la courbe peut faire penser à des oreilles humaines. L'anthropomorphisation lui attribue donc ces organes pour en faire son surnom. Mais on l'appelle aussi parfois C1 (Coupe 1), en usant du chiffre premier pour montrer qu'il s'agit du trophée au sommet de la hiérarchie.

À sa création en 1955, elle fut baptisée *Coupe des clubs champions européens*, jusqu'à son changement de nom en 1992, par l'UEFA (Union des associations européennes de football). Mais sa naissance doit beaucoup à la France et en particulier au quotidien de sport *L'Équipe*, qui permit de faire naître un tel projet alors que les instances internationales du football faisaient la sourde oreille.

UN COUPEUR DE CITRON

Un joueur remplaçant

L'expression *coupeur de citron* renvoie à une pratique que la diététique moderne, les boissons énergisantes et autres compléments alimentaires ont rendue obsolète. En effet, traditionnellement, à la mi-temps des matchs de football (mais aussi de rugby), les joueurs croquaient la pulpe d'un citron afin de gagner l'énergie nécessaire pour la seconde moitié de la partie. La tâche de préparation des agrumes fortifiants revenait à ceux qui n'étaient pas actifs sur le terrain et donc aux remplaçants.

Les citrons ont peu à peu disparu des bancs de touche ou des vestiaires, mais pas l'expression qui les accompagnait. Désormais, la locution renvoie aux joueuses ou joueurs remplaçants, en ajoutant une dimension de faire-valoir et en insistant sur leur rôle accessoire.

UN CROCHET

Un geste technique de déplacement latéral balle au pied, afin d'éliminer un adversaire direct

Pour effectuer un bon crochet, on utilise l'intérieur ou l'extérieur du pied afin de se déplacer latéralement. On parle alors de *crochet intérieur* ou *extérieur* selon la zone du pied utilisée. Ce geste technique de contournement permet de se décaler par rapport à son adversaire direct afin de poursuivre une course plus verticale.

Si le déplacement se fait sur plusieurs touches de balle, on parlera alors de *double* ou de *triple crochet* selon le nombre de contacts permettant une telle déviation. Quand un joueur fait trop de crochets, on peut dire qu'il *tricote*. D'ailleurs on dit indifféremment *tricoter le ballon* ou *tricoter avec le ballon*. Le crochet rentre dans le registre des dribbles. Il se pratique également par les défenseurs afin de ne pas se faire piquer la balle, mais attention à ne pas faire de nœuds (avec les jambes) ! Précision : il n'y a pas que le capitaine qui peut faire des crochets.

CROQUER

Rater une occasion en manquant d'altruisme

Les métaphores culinaires ne manquent pas dans le football. Alors qu'un joueur peut *manger* ou *bouffer la feuille de match*, il peut aussi *croquer* – mais *croquer* tout court, ce verbe étant employé dans sa forme intransitive, sans complément d'objet. Un joueur *croque* lorsque, par égoïsme, il essaie de marquer un but alors qu'il aurait été vraisemblablement plus facile de passer le ballon à un coéquipier mieux placé.

Le mot *croquer* traduit une forme de gourmandise, le joueur croquant goulument dans un possible but qui lui attribuerait une certaine gloire, oubliant (volontairement ou non) de partager avec les autres. On entend d'ailleurs parfois dire d'un joueur qu'il a été *(trop) gourmand*, et l'on parle aussi d'un *mangeur de ballons*. À force de croquer, on peut finir par craquer.

Joueur individualiste qui monopolise sciemment le ballon contre l'intérêt de sa propre équipe. Ces gros mangeurs énervent tout le monde : le coach, l'équipe, le public. Vous connaissez déjà les noms.

DANS LE ZIG, DANS LE ZAG

Expression pour désigner une incompréhension entre deux joueurs

Le football repose notamment sur des passes entre les joueuses ou les joueurs d'une même équipe, qui permettent de faire progresser le ballon vers le but adverse. Ces passes peuvent être simples à effectuer lorsque les joueurs ont une possession solide, mais elles deviennent plus difficiles lorsqu'il s'agit de trouver un attaquant afin de le mettre en position idéale pour déborder ou pour marquer. Les combinaisons et les une-deux permettent parfois de déjouer la vigilance de la défense, mais cela nécessite une vitesse d'exécution rapide et une bonne entente entre les joueurs.

Cependant, il arrive qu'ils ne se comprennent pas et que le passeur ne devine pas quelle course d'appel fera son équipier ; il lui envoie alors un ballon à l'opposé de la zone attendue. On dit alors : « Il l'attendait dans le zig, il lui a mis dans le zag » (cette phrase est associée au célèbre commentateur Thierry Roland). Le mot *zigzag* (d'abord *zic-zac*) est construit sur un schéma phonétique [z]-[g]/[z]-[k] qui permet d'évoquer un mouvement rapide. Initialement, il désigne une série de pièces en X ou en losange pouvant s'allonger ou se replier, puis une ligne brisée, avec des angles qui évoquent des changements de direction incessants, comme ceux effectués par certains zigues.

Jacques Zimako, attaquant néo-calédonien ayant fait carrière à Bastia et à Saint-Étienne dans les années 1970-1980 (13 sélections en équipe de France), était surnommé « Zig-Zag » car il improvisait des dribbles complètement déroutants pour la défense. Un peu comme le Brésilien Garrincha (qui avait une jambe plus courte que l'autre). Ce genre de joueurs est très rare, a fortiori *lorsque les schémas de jeu sont bien établis, comme c'est souvent le cas aujourd'hui, et dans lesquels on ne peut pas se permettre de perdre le ballon. Les prises de risque individuelles ne font plus vraiment partie des codes.*

UN DÉBORDEMENT

Une action qui permet à l'équipe attaquante de prendre de vitesse la défense sur l'aile du terrain

Le football est malheureusement connu pour les débordements de certains de ses supporters dans les tribunes ou en marge des matchs, mais le *débordement* est aussi un terme technique.

S'il est possible d'attaquer dans l'axe, ou *plein axe*, une équipe passe souvent par les côtés pour mettre un joueur en position de centrer ou d'entrer dans la surface de réparation. Pour cela, il faut *déborder* le défenseur adverse, ce qui prend souvent la forme d'une course plus rapide que lui ou d'un crochet bien exécuté qui le laisse planté sur la pelouse, pendant que l'attaquant a tout le champ pour adresser une passe à un partenaire. Le *débordement* est évidemment cousin du *cadrage-débordement* au rugby.

UN DERBY

Un match disputé entre équipes voisines géographiquement

La mondialisation et les compétitions internationales retransmises sur tous les écrans auraient tendance à faire oublier l'ancrage territorial du football. Les clubs de Liverpool, Barcelone, Naples, Marseille, Lens sont indissociables de l'histoire de leur ville, de leur région, de leurs identités locales, de leur sociologie, de leur réputation. Tout oppose la Juve au Torino, l'Inter au Milan AC, le Barça à l'Espanyol de Barcelone, Strasbourg à Metz, Boca Juniors à River Plate (pourtant du même quartier de Buenos Aires et opposés dans le Superclásico)... C'est pourquoi les derbys continuent de soulever un intérêt particulier, tant la rivalité avec le plus proche voisin - qui est souvent le plus proche « ennemi » - est importante pour (r)établir des hiérarchies locales et satisfaire les bassins de population qui constituent le noyau dur des supporters, même si les grands clubs d'aujourd'hui comptent plus de fans de par le monde que de « locaux ».

Le mot *derby* nous replonge dans les origines anglaises du football mais vient du monde hippique. C'est à Edward Stanley, douzième comte de Derby, que l'on doit la création en 1780 du derby d'Epsom, nom d'une course de chevaux de renommée internationale qui va finir par qualifier toute grande course hippique. En 1914, le terme est associé au football dans un article du *Daily Express* qui évoque « *a local Derby between Liverpool and Everton* ». Le *derby local* devient vite un pléonasme puisque le seul mot de *derby* suffira à qualifier par la suite, à partir de 1927 selon le *Dictionnaire historique de la langue française* d'Alain Rey, une « rencontre sportive entre deux villes voisines (surtout de football) ».

➘

UN DERBY

Le premier derby du football a eu lieu en 1914, entre Everton et Liverpool. J'aurais presque pu y être, diraient les jeunes. En France, il y a aujourd'hui une dizaine de derbys, mais on pense surtout aux bouillants Lens-Lille et Saint-Étienne-Lyon. Ce mélange de rivalité historique, de proximité géographique (pas plus de 100 kilomètres d'écart selon la « règle »), de publics chauffés à blanc et de joueurs prêts à tout est un cocktail explosif à l'origine de matchs épiques.

UNE **DÉVIATION**

Une modification de la trajectoire d'un ballon par un rebond sans contrôle préalable

Une *déviation* nécessite un lancement préalable. Tout comme on ne dévie pas de rien, on ne dévie pas vers rien. Ainsi, le rebond de la balle sur le corps (généralement le pied ou la tête) s'inscrit dans un ensemble qui implique deux ou plusieurs joueurs de la même équipe. On peut qualifier de *chanceuse* une déviation involontaire ou qui provient d'un adversaire (qu'on imagine faite contre sa volonté).

Une déviation originale s'est lexicalisée sous le terme d'*espaldinha*, déviation faite avec le dos. C'est le footballeur brésilien Ronaldinho qui l'a rendue célèbre. Les fans de Barcelone lui ont alors rendu hommage avec cette antonomase partielle. En effet, *espalda* en espagnol signifie « dos ». *Espaldinha* est la combinaison (mot-valise) du substantif féminin de la partie du corps concernée et du nom propre du joueur qui a popularisé ce geste technique rare.

DÉVISSER UNE FRAPPE

Rater une frappe qui ne prend pas la direction souhaitée

Si une frappe peut être un vrai *coup de massue*, elle peut aussi être *dévissée*. La première marque les esprits et généralement un but alors que la seconde est clairement ratée et peut valoir une belle humiliation à son auteur.

Dévisser sa frappe revient à envoyer la balle dans une direction non désirée, avec une drôle de trajectoire qui peut évoquer la spirale d'une vis et non la trajectoire rectiligne d'une frappe précise. Sur une tentative de but, cela donne un ballon qui franchit la ligne mais bien loin de l'intérieur de la cage du gardien adverse. Tant en hauteur qu'en largeur, on peut *dévisser* dans tous les sens et parfois, lorsqu'on essaie de donner un effet particulier au ballon (un tir brossé par exemple), le résultat est encore plus déroutant, avec une pointe de ridicule pour l'auteur ou l'autrice du ballon *dévissé*.

Par opposition au ballon dit *vissé* au pied du bon dribbleur (tel Lionel Messi), une frappe *dévissée* finira plus touchée par les supporters des virages que par le gardien battu allant ramasser le cuir au fond de ses filets.

UN DOUBLE CONTACT

Un passage rapide du ballon d'un pied à l'autre pour modifier sa trajectoire et dribbler l'adversaire

Si Jean-Claude Van Damme a confirmé son début de carrière dans les années 1990 avec le film *Double Impact* en pratiquant notamment le full-contact, au football on utilise aussi ses pieds, mais avec un peu moins (généralement) d'agressivité. Le double contact est un geste technique, utilisé dans le dribble court. Le ballon est touché par l'intérieur puis par l'extérieur du pied, ou inversement. Son exécution est rapide. Elle doit surprendre l'adversaire en le déconcertant sur la direction que prend la balle et la suite de l'action. C'est un peu le cadrage-débordement (rugby) du football, avec un principe de feinte qui va permettre de déborder la personne en face.

Parmi les joueurs célèbres qui ont usé le plus habilement et magistralement de cette technique, on peut citer Ronaldinho ou Zidane. Dans certains cas, le *double contact* peut aussi qualifier un échange pied droit-pied gauche (ou l'inverse) et pas seulement les faces externe-interne d'un même pied.

LE DRIBBLE DE L'OTARIE

Le déplacement d'un joueur qui enchaîne des jongles (du ballon) avec la tête

Le *dribble de l'otarie*, ou *foquinha*, ne fait pas partie des gestes classiques enseignés dans les écoles de football. Il s'agit même d'un geste rare car il est en partie controversé. L'action consiste à progresser sur le terrain avec la balle en l'air grâce à des jongles de la tête. C'est un joueur brésilien qui devient brièvement célèbre avec ce geste en 2007 : Kerlon. Recruté ensuite en Europe, sa carrière ne connaîtra pas le rebond espéré. D'ailleurs, une polémique naît par la même occasion, à l'égard de l'attitude et en particulier de la défense adverse à adopter pour reprendre le ballon. Le jongle est souvent perçu comme un jeu et donc comme une provocation. Mais avec une balle si haute, située au-dessus du joueur, la saisir sans toucher ce dernier est difficile, sauf peut-être *épaule contre épaule*.

Notons que le terme *phoque* comme équivalent français de *foquinha* serait plus juste, mais c'est sa fausse cousine l'otarie qui lui a été préférée, pour plusieurs raisons. Sans entrer dans les détails anatomiques animaliers, on peut tout de même indiquer que l'otarie a de plus grandes nageoires, à l'instar des pieds humains. On la trouve par ailleurs dans les mers australes, plus propices aux climats doux et tempérés que ceux où évoluent les phoques... Enfin, les spectacles de cirque qui proposaient des jonglages mettaient en scène des otaries, plus habiles pour de telles prouesses – et qui, à la différence des joueurs, les effectuent avec leur museau et non leur front !

LES DRIBBLES CHALOUPÉS

Série de petits dribbles accompagnés de mouvements du corps

Difficile de décrire avec des mots les dribbles chaloupés qui font tanguer les défenseurs adverses. Les *dribbles chaloupés* sont constitués de courts contacts avec le ballon, associés à des mouvements de droite et de gauche, en avant et en arrière, qui donnent presque l'impression que le joueur est en train de danser. D'ailleurs, le participe passé *chaloupé* est associé à l'idée de danse. Comme la chaloupe en mer a tendance à beaucoup bouger sous le mouvement des vagues, en argot français le mot *chaloupe* a pu désigner au sens figuré une « danse échevelée ».

Le sens de « danse » s'est perdu pour *chaloupe*, mais *chaloupé* évoque toujours ces mouvements, ce tangage, cette oscillation qui peut faire perdre le cap aux joueurs adverses et qui donne un très joli style au dribbleur.

DRIBBLER

Progresser balle au pied en dépassant un ou plusieurs adversaires

Dribbler est un des gestes de base du football. Lorsqu'un joueur récupère une balle en jeu, il peut garder le pied dessus, la donner ou tenter d'avancer avec. Le *dribble* renvoie à cette troisième option. Plus spécifiquement, sur le rythme des foulées, le dribble se marque par de petites poussées successives de la balle avec le pied en prenant soin de la tenir hors de portée des adversaires, en soignant sa *couverture de balle*. Les grands techniciens sont de grands dribbleurs.

Cette gestuelle rappelle un peu l'étymologie du verbe anglais (*to dribble*, « faire couler, goutter, dégouliner ») comme le goutte-à-goutte continu d'un liquide. On parle d'ailleurs de la *fluidité* d'un dribble lorsqu'il est exécuté avec élégance. Il s'agit en effet d'une dérivation de l'anglais *to drip*, « laisser s'écouler », devenu *to dribble*, verbe passé ensuite sous la forme francisée *dribbler* dans différents sports : football, basketball, handball...

Les plus anciens se souviendront du *Dribbling*, sorte de baby-foot des années 1980, avec lequel on pouvait jouer des matchs épiques en appuyant sur des sortes de boutons poussoirs... mais avec des figurines fixes qui ne dribblaient pas !

DROIT AU BUT

Devise de l'Olympique de Marseille

La devise de l'Olympique de Marseille semble être l'antithèse du catenaccio : d'un côté le « verrou » qui cherche à « jouer le nul » ou à jouer défensif pour maintenir une victoire étriquée, de l'autre le football fantasque tourné vers l'offensive. Ce qui ne garantit pas forcément des résultats. En tout cas, des dizaines de buteurs ont marqué l'histoire de l'OM, des dizaines de « grantatakans » parmi lesquels on retiendra Gunnar Andersson (194 buts), Jean-Pierre Papin (182), Josip Skoblar (176), Jean Boyer (170) ou, plus près de nous, Mamadou Niang (100), André-Pierre Gignac (77) ou Dimitri Payet (plus de 70 en août 2022).

L'Olympique de Marseille affiche cette devise dès son origine, qui est avant tout celle du Football Club de Marseille créé en 1897 et dont les membres pratiquaient le rugby, l'athlétisme mais aussi l'aviron, le tennis, le cricket...

En 1899, le Football Club de Marseille fusionne avec le club d'escrime L'Épée, devient l'Olympique de Marseille et reprend cette devise... qui est aussi celle de Madeleine Dubois, la fiancée du fondateur du club René Dufaure de Montmirail, dont on dit qu'elle avait un « caractère fonceur ».

UN DUEL MUSCLÉ

Une opposition forte entre deux joueurs

Si le football se pratique en général à 11 contre 11, les joueurs se font souvent face individuellement dans leurs zones de jeu respectives. Ainsi, des attaquants croisent des défenseurs qui les « marquent » tandis que les milieux sont confrontés à leurs homologues dans la fameuse bataille du milieu de terrain. En-deçà de l'opposition entre les équipes se déclarent donc des duels singuliers, des oppositions récurrentes sur différentes parties du terrain.

Le mot *duel* (attesté sous cette forme dès le XVIe siècle) vient du latin *duellum*, forme ancienne de *bellum* qui signifie « le combat, la guerre ». Par la suite, le mot a fini par désigner un affrontement entre deux personnes, sans doute sous l'influence du latin *duo*, « deux ».

L'expression *duel musclé* n'évoque pas nécessairement la quantité de masse musculaire des protagonistes, mais bien l'intensité du contact appuyé ou l'application du suivi rigoureux, pour ne pas dire *rugueux*, entre deux joueurs. La dimension de duel renvoie également à une certaine réciprocité dans la tension produite ; si l'un des deux joueurs ne rend pas la pareille ou les coups, on parlera alors de *duel déséquilibré*.

ENRHUMER L'ADVERSAIRE

Passer devant un adversaire sans se faire prendre le ballon

Balle au pied, avant de pouvoir faire une passe, adresser un centre ou tirer au but, il faut passer les différents adversaires qui se présentent face à vous. Un dribble, une accélération, un crochet, un grand pont, un petit pont, une roulette, un râteau, un contrôle orienté, une feinte de corps sont autant de moyens d'effacer celle ou celui qui essaie de vous prendre l'objet tant convoité. Parfois, cela se fait de manière tellement nette et rapide que l'on dit du défenseur-victime qu'il s'est fait *enrhumer*. La raison ? Le déplacement d'air causé par la vitesse d'exécution de l'attaquant qui a mis le joueur *dans le vent*.

Cette métaphore est bien sûr assez humiliante pour le défenseur, relégué à un rôle de spectateur passif, qui s'est fait avoir par le vif attaquant et qui n'a plus que son mouchoir... et pas que pour pleurer !

ÉPAULE CONTRE ÉPAULE

Contact physique autorisé pour s'emparer du ballon

Quand deux adversaires luttent pour s'emparer du ballon, certains gestes sont interdits (tacle irrégulier, tirage de maillot, main qui s'accroche au corps de l'autre), mais le contact n'en est pas moins autorisé. Il est notamment possible, avec sa propre épaule, de s'appuyer sur l'épaule de l'adversaire pour la ou le repousser, pour l'écarter du ballon et pour se positionner soi-même.

Cette lutte épaule contre épaule ne correspond donc pas à la locution *épaule contre épaule* qui peut rendre compte d'une forme de solidarité, de corps qui se joignent et qui se serrent de manière compacte pour faire masse, faire nombre, faire front. Au contraire, l'épaule contre épaule du football est un duel licite mais physique qui permet de dégager subtilement l'adversaire.

La limite entre le contact autorisé et la faute qui consisterait à bousculer l'adversaire est souvent fine ; lorsqu'ils estiment que l'action est régulière, les commentateurs lancent un « Épaule contre épaule » que l'on pourrait traduire par « Ça joue », « C'est propre », « Pas de faute ».

UNE ÉQUIPE DE COIFFEURS

Une équipe de seconde catégorie

Michel Denisot a raison : la mode des cheveux courts, rasés, sculptés nous éloigne des bouclettes vintage d'un Rocheteau ou des tignasses négligées des décennies passées. Certains footballeurs sont même associés à des styles capillaires très particuliers : on se souvient de l'impressionnante coupe bouclée de Carlos Valderrama, de la nuque longue (aussi appelée *coupe mulet*) de Chris Waddle, des crêtes de Paul Pogba ou des tentatives plus ou moins heureuses de teintes peroxydées. La starisation du métier et la transformation des sportifs en icônes pop internationales qui s'affichent dans les magazines, à la télé et dans les calendriers ont fait de la coupe de cheveux un attribut incontournable.

Cependant, lorsqu'on parle d'une *équipe de coiffeurs*, on est sur un tout autre plan. Cette expression quelque peu méprisante fait référence aux joueuses ou aux joueurs de seconde zone, notamment les amateurs qui, le temps d'un match, ont la chance de côtoyer les pros. Et parmi ces footballeurs qui doivent avoir un métier à côté car ils ne vivent pas de leur passion, on trouve des bouchers, des magasiniers, des agents immobiliers et... des coiffeurs. On peut aussi reprocher à un entraîneur de sacrifier un match en *alignant une équipe de coiffeurs*, autrement dit des joueurs habituellement remplaçants ou attachés à la réserve. D'autres origines circulent et l'on ne saurait ici couper les cheveux en quatre ; ce qui est certain, c'est que, paradoxalement, les coiffeurs ne sont pas forcément les meilleurs pour *faire des ciseaux*.

UNE ÉQUIPE DE COIFFEURS

C'est quand même devenu un métier d'élite, coiffeur de footballeur. Certains joueurs, comme Neymar, ont même un coiffeur à plein temps, à l'instar des plus grandes actrices et des plus grands acteurs de cinéma.

« ET UN, ET DEUX, ET TROIS ZÉRO ! »

Chant qui rappelle la victoire de l'équipe de France à la Coupe du monde 1998

« Et un, et deux, et trois zéro ! » Ce chant particulier, scandé par le public français, est né le 12 juillet 1998, lorsque l'équipe de France a battu le Brésil en finale de la Coupe du monde, jouée en France, sur un score de 3 à 0. Le match a été plié grâce à un doublé de Zinédine Zidane (effectué avec la tête alors que le meneur de jeu français est surtout un technicien monstrueux balle au pied).

Le premier but fut marqué à la 27e minute de jeu sur un corner d'Emmanuel Petit, repris au premier poteau d'une tête piquée par Zizou. Juste avant la mi-temps (45 + 1), c'est sur un autre corner tiré par Youri Djorkaeff que Zidane double la mise, d'une tête smashée. Dans les arrêts de jeu, un contre mené par Christophe Dugarry permet à Emmanuel Petit d'achever le Brésil avec un troisième but qui entraîne l'émergence de ce chant qui, sur un air enjoué, annonce l'empilement des buts. À ne pas confondre avec un chant associé à l'équipe nationale d'Algérie, parfois imité de façon plaisante : « One, two, three, viva l'Algérie ! »

ÊTRE À LA CONCLUSION

Achever une phase de jeu collective en inscrivant un but

La différence entre un joueur de football et Jean-Claude Dusse, l'un des personnages du film culte *Les bronzés font du ski* (1979), c'est que le joueur finit tôt ou tard par conclure et la mettre au fond. Au terme d'une action collective, il faut en effet une joueuse ou un joueur pour achever le travail et transformer une phase offensive en but.

Être à la conclusion, c'est donc marquer un but après une série de passes et de mouvements alors qu'un but peut aussi être marqué après un exploit individuel. *Conclure*, du latin *cum* (« co- ») et *claudere* (« clore ») - mais pas Jean-*Claudere* - donne l'idée d'un certain achèvement collectif, d'un travail bien fait et bien fini. Pour conclure cette notice, ajoutons que la conclusion est souvent l'apanage des grands *finisseurs*.

ÊTRE À LA RETOMBÉE

Être placé au point de chute de la balle

Parmi les critères qui permettent de définir des styles de jeu, jouer avec la balle à terre, c'est-à-dire qui roule sur le terrain, est une caractéristique importante. Depuis le milieu des années 2010, des entraîneurs comme Pep Guardiola demandent à leurs joueurs de relancer ou de remettre en jeu par des passes courtes et au sol plutôt que par des grands dégagements. En effet, ces longues passes se voient ainsi proscrites car elles généreraient plus d'incertitude et une contestation plus grande de la part de l'adversaire. Sur un ballon haut, la trajectoire augmente en forme de cloche et le temps passé en l'air est donc plus long. Par la gravité, le ballon revient vers la pelouse et certains joueurs qui sont *à la retombée* peuvent se trouver sonnés par le contact appuyé d'un adversaire.

Si le terme *tombée* s'emploie, il est plus fréquent de voir sa forme répétée par le préfixe *re-*. Comme pour la *retombée d'étincelles* (souvent utilisée comme exemple dans les dictionnaires), l'image d'une courbe ascendante puis descendante accompagne le cheminement du ballon – plutôt que l'aspect subit de la chute que pourrait produire *tombée*. D'ailleurs si personne ne saisit le ballon *à la retombée*, le ballon ne bondit pas... il rebondit !

ÊTRE FAIR-PLAY

Avoir un esprit sportif impliquant le respect et la loyauté

Le *fair-play*, autrement dit le jeu (*play*) franc, honnête, clair, loyal (*fair*) n'est pas l'état d'esprit spontanément associé au football. Bien sûr, à la suite d'une interruption de jeu, une équipe se doit de rendre le ballon à l'adversaire sous peine d'être huée par le public. Mais dans ce sport qui permet qu'une équipe joue en infériorité numérique, il n'est pas rare que l'on profite des faiblesses de l'adversaire de manière plus ou moins explicite. C'est certes mal vu, mais combien d'équipes poursuivent leur attaque lorsqu'un joueur adverse se tord de douleur à l'autre bout du terrain ? Le football est en outre un sport qui permet la tricherie, même à l'ère de l'arbitrage vidéo : simulation de faute ou de coup reçu, tirage de maillot, but marqué de la main...

Pourtant, dans cet univers impitoyable, il arrive qu'une joueuse ou un joueur se distingue par une attitude exemplaire, la plus extraordinaire étant sans doute d'aller avouer à l'arbitre que le but qu'elle ou il vient de marquer n'est pas valable car il a été entaché d'une irrégularité.

La notion de combat juste trouve ses racines dans l'Angleterre médiévale et dans l'esprit chevaleresque ; l'association entre *fair* et *play* semble avoir été faite par Shakespeare et c'est au milieu du XIXe siècle que le mot est attesté en français, chez Charles de Montalembert notamment (*De l'avenir politique de l'Angleterre*, 1856) avant d'être repris par le baron Pierre de Coubertin qui lui associera évidemment les valeurs de l'olympisme.

« Expression anglaise
à l'usage des étrangers. »
Auteur inconnu

ÊTRE HORS-JEU

Se trouver en attaque entre le gardien et le dernier défenseur adverse au moment du départ du ballon

Dans le code officiel de l'arbitrage, on parle de la *loi 11*. Le hors-jeu constitue le point le plus souvent débattu, en tous cas le plus complexe dans le football. Un joueur est considéré hors-jeu lorsque, au départ du ballon touché par l'un de ses partenaires, il se trouve plus près de la ligne de but adverse que le ballon et l'avant-dernier défenseur (si le gardien de but est compté comme défenseur). Un joueur est dit *en position de hors-jeu passif* (et non sifflé) lorsqu'il se trouve effectivement en position de hors-jeu mais n'influence pas le déroulement du jeu. Mais que signifie précisément *influencer le déroulement du jeu* ? Vous comprenez pourquoi l'interprétation joue un rôle majeur dans la détermination d'un hors-jeu.

Quelques spécificités pimentent le tout. Toutes les parties du corps, de la tête aux pieds, sont prises en compte pour qu'un hors-jeu soit signalé, à l'exception des bras et des mains. L'alignement et l'éventuel dépassement de la ligne virtuelle de hors-jeu se font donc sans compter sur les doigts... jusqu'aux bras. Autre particularité : un joueur ne peut être hors-jeu dans sa propre moitié de terrain. Et encore : il n'y a pas de situation de hors-jeu avec des ballons reçus pendant les remises en jeu lors d'une touche, d'un coup de pied de but ou d'un corner, ou si c'est un adversaire qui touche le ballon en dernier.

La définition est souvent contestée et les actions sont donc souvent contestables. Nous connaissons toutes et tous la règle mais ne l'apprécions pas de la même manière. L'arbitrage vidéo (VAR) n'a que partiellement apaisé ce débat, car l'angle des caméras n'est pas toujours pertinent.
Comme le dit Bixente Lizarazu :
« La définition du hors-jeu n'est détenue que par l'arbitre du match. »

FAIRE DE L'ANTIJEU

Avoir une attitude non sportive pour empêcher l'adversaire de jouer

Sport de contact et de mouvements, le football ne peut pas se pratiquer sans que certaines règles ne soient transgressées : tacle, main, coup d'épaule... Les fautes sont sanctionnées et font partie du jeu (sinon il n'y aurait pas besoin d'arbitre !). Cependant, certains gestes, fautifs ou à la limite de la faute, peuvent être caractéristiques de l'antijeu, cette attitude agaçante qui consiste à empêcher l'adversaire de jouer. L'antijeu peut se déployer de différentes façons. D'abord par des fautes volontaires qui seront sanctionnées : accrocher un adversaire par le maillot, faire une obstruction en bloquant un joueur ou une joueuse qui file au but, détourner le ballon de la main...

Mais l'antijeu peut aussi prendre la forme de petits gestes destinés à gagner du temps et à casser le rythme de l'adversaire : simuler une faute, feindre une blessure en restant allongé au sol, tarder à dégager pour un gardien de but, ne pas rendre le ballon à l'adversaire alors que l'arbitre a sifflé contre vous, dégager le ballon au loin... Associé au vice, l'antijeu a de quoi mettre en émoi.

FAIRE L'ESSUIE-GLACE

Courir dans tous les sens, entre les lignes

En cyclisme, la *voiture-balai* désigne le véhicule qui porte assistance aux derniers coureurs ; on dit souvent qu'elle *ramasse* les cyclistes hors-délais, ce qui les élimine de la course.

Au football, on retrouve le balayage dans plusieurs expressions, mais l'évocation de la mécanique de *l'essuie-glace* renvoie au jeu de passes multiples avec va-et-vient entre des joueurs. Il s'agit d'une séquence sans grande saveur, ni technicité, ni volonté de « construire » du jeu, dont le seul but est de faire circuler la balle pour ne pas se la faire prendre tout en gagnant du temps.

Faire l'essuie-glace peut aussi renvoyer à un déplacement rapide entre les lignes d'attaque et de défense pour des joueurs qui iront attaquer alors qu'ils sont défenseurs, ou défendre quand ils sont attaquants. Cet engagement dans une telle dynamique doit se répéter dans des séquences souvent courtes et rapprochées pour que l'on puisse dire d'un joueur qu'il *fait l'essuie-glace*.

FAUCHER

Faire tomber un adversaire

Contrairement aux idées reçues, même les plus grandes footballeuses et les plus grands footballeurs peuvent être fauchés. Cependant, ici, il n'est pas question d'argent mais d'une façon d'être mis au sol.

Alors qu'un tacle consiste à dégager le ballon porté par un adversaire, il peut arriver que le défenseur touche non pas le ballon, mais les jambes du joueur. Parfois, le geste est si net que l'attaquant tombe en avant, comme s'il avait été coupé par une faux ; on peut d'ailleurs dire d'un joueur qu'il a été *coupé (en deux)*. Le verbe *faucher* (littéralement « couper [des végétaux] avec une faux ») prend ici tout son sens figuré qu'il possède depuis le Moyen Âge, « faire tomber et mourir en grand nombre » (fin du XIIe siècle), puis, plus tard, « renverser » (XXe siècle). C'est ce que nous apprend le *Dictionnaire historique de la langue française* d'Alain Rey, qui atteste cette occurrence dans le jargon du football en 1904.

D'un joueur rugueux ou d'une équipe qui accumule les fautes grossières, on dira qu'ils ont *sorti la faucheuse*, cette dernière pouvant être une grande faux ou carrément une machine agricole destinée à faucher en masse.

UNE FAUTE INTELLIGENTE

Une faute réalisée volontairement afin de briser une attaque

« Le jeu appelle la faute », dit-on souvent pour signifier qu'un sport comme le football en génère inévitablement, dues notamment aux contacts entre les protagonistes. Beaucoup de ces fautes sont involontaires et, en fonction de leur gravité, sanctionnées d'un carton jaune ou rouge. D'autres sont volontaires et, en plus d'être punissables, offrent à l'adversaire une possibilité de but (un coup franc bien placé, par exemple). En revanche, certaines fautes sont dites *intelligentes* dès lors qu'elles sont réalisées relativement loin de la surface de réparation et qu'elles cassent la dynamique de jeu de l'autre.

Ainsi, alors qu'un adversaire part en contre depuis son camp, un défenseur peut estimer qu'il est préférable de stopper l'initiative dès le départ plutôt que de prendre le risque de voir l'attaque se développer. En retenant le joueur ou en l'accrochant par le maillot, il commet une faute dite *intelligente* qui, si elle est sanctionnée, ne présente cependant pas de grand danger. Évidemment, la différence est ténue entre une faute intelligente et de l'antijeu… ↘

UNE FAUTE INTELLIGENTE

Il en faut de l'expérience et de la malice pour arrêter une action dangereuse face à une offensive en surnombre avec une faute. Il faut que ce soit une petite faute, comme un tirage de maillot ou un pied qui traîne, pour s'assurer de ne pas prendre de carton rouge. Il faut aussi donner l'air qu'il s'agit d'une maladresse et non d'une faute. Marco Verratti est champion dans cette discipline peu brillante mais déterminante dans le cours d'un match.

FERMER LA BOUTIQUE

Jouer de manière ultra-défensive

Après les périodes de confinement qui ont vu notamment les commerces fermer, l'expression *fermer boutique* prend toute sa valeur préventive. En effet, *fermer la boutique* revient à jouer en défense de manière regroupée. On parle d'ailleurs souvent de *rideau défensif*, tout comme on utilise le verbe *cadenasser* pour fermer le jeu en défense (voir l'italianisme *catenaccio*). Ce style de jeu plaira aux soutiens de l'équipe qui la pratique, mais on est souvent loin d'un style plaisant à regarder. Le pragmatisme l'emporte et c'est le résultat qui compte souvent au détriment de la beauté du jeu.

De célèbres entraîneurs comme le Portugais José Mourinho ont pu le pratiquer, notamment lorsqu'il entraînait l'Inter de Milan. Cette tactique lui permit de remporter la Ligue des champions en 2010. Quand on *ferme la boutique* c'est souvent pour éviter de solder sa victoire en défaite, afin de gagner à tout prix.

EN FEUILLE MORTE

Se dit d'un ballon tiré lentement mais précisément, dont la trajectoire est semblable à celle d'une feuille morte

Contrairement à la chanson de Prévert mise en musique par Kosma, au football, les feuilles mortes ne se ramassent pas à la pelle. En effet, la *feuille morte* reste un geste extrêmement rare que seuls les plus grands artistes peuvent maîtriser et elle partage avec la panenka un pari fou : celui de la lenteur et de la finesse dans un monde de b(r)uts.

Techniquement, la *feuille morte* est un ballon qui va se loger dans le but à une vitesse relativement lente. La métaphore est bien sûr celle d'une feuille morte détachée d'un arbre qui, au gré du vent, volette vers le sol sans que l'on sache vraiment à quel moment elle va atterrir. Plus précisément, la *feuille morte* (le plus souvent sur un coup franc) est un ballon qui, après avoir suivi une trajectoire étonnante (souvent celle donnée par un tir brossé), retombe en douceur dans le but adverse. Dans un sport où la vitesse et la puissance de frappe sont déterminantes, la beauté de ce geste réside dans cette paradoxale lenteur qui n'en amène pas moins inexorablement le ballon au fond des filets, grâce à une vista alliée à une précision chirurgicale ; car la feuille morte doit avoir le temps de tomber dans une zone qui échappe aux gants du gardien de but et aux défenseurs - en général la lucarne.

On attribue la primeur de ce geste au Brésilien Valdir Pereira, surnommé « Didi » (1929-2001). Dans le football moderne, les coups francs si particuliers d'un autre Brésilien, Juninho, peuvent être considérés comme la référence en la matière. Si la feuille morte apporte une touche poétique automnale à la palette des artistes du ballon, beaucoup plus nombreux sont ceux qui *mangent la feuille de match* en ratant trop d'occasions.

Inventée par le numéro 6 brésilien « Didi » en 1958 – moins connu que son compatriote Pelé – la feuille morte, « folha seca », *est une technique d'exception. Je n'ai jamais compris comment fonctionnait ce geste presque magique. Le ballon, tiré en douceur de l'extérieur du pied, retombe de manière inattendue sous la barre transversale, « comme un avion sans aile ».*

UN FLIP FLAP

Un geste technique de double crochet (extérieur puis intérieur)

Plus connu en France sous le terme de *virgule*, ce geste technique est aussi appelé *flip flap* de façon plus onomatopéique, sonnant telles les deux touches de balle qui le constituent. La composante double renvoie au premier décalage de la balle (crochet), avec l'extérieur du pied, qui s'enchaîne rapidement avec son opposé (crochet intérieur), avec le même pied. Il s'agit d'un dribble spécifique qui a souvent été considéré comme une spécialité brésilienne. La popularisation du geste remonterait à Roberto Rivelino qui l'aurait utilisé lors de la Coupe du monde 1970 afin d'éclabousser la finale de son talent.

Le terme de *virgule* provient de la trajectoire que le ballon emprunte, reprenant la forme de la marque typographique. De la même manière, l'expression *elastico* (« élastique ») rappelle l'effet de surprise du retour dans la direction opposée, telle la feinte provoquée par ce geste.

FLOQUER UN MAILLOT

Apposer des inscriptions sur un maillot (souvent un numéro et un nom)

Le flocage est certes une technique qui ne concerne pas directement le football. D'après *Le Petit Robert*, il s'agit d'un « procédé qui consiste à projeter des fibres sur une surface (dite *floquée*) pour lui donner l'aspect du velours ». La définition rappelle les matières originelles qui ont permis de telles inscriptions sur des maillots souvent soyeux mais épais. Désormais, les matières ont évolué vers des fibres dites *techniques* ou *respirantes*. Les impressions ne sont plus tout à fait les mêmes dans tous les sens du terme.

D'un point de vue pratique, *floquer un maillot* revient à inscrire un numéro sur une tenue (car les simples chiffres ont vite été dépassés), mais aussi un nom ou surnom de joueur. Les zones choisies sur le vêtement sont le dos, avec la numérotation au centre, et la partie recouvrant les omoplates, où figurent les lettres. Le « hic du floc » réside dans la contrainte d'espace pour les caractères à imprimer. Certains patronymes trop longs doivent être contractés et certains joueurs préfèrent inscrire leur prénom, comme Enzo (fils de Zinédine Zidane) avec le club de Rodez (en Ligue 2). Au football, ces inscriptions en plus du numéro sont apparues dans les années 1990, dans la mouvance du sport de tradition nord-américaine (comme le base-ball). ➘

FLOQUER UN MAILLOT

Avant, les maillots floqués étaient sacrés car peu nombreux. Aujourd'hui, le business des maillots a explosé. Certains joueurs de renom en fin de carrière sont recrutés autant pour vendre des maillots que pour gagner des matchs. Les contrats comprennent des clauses d'intéressement sur les ventes. On atteint des recettes folles. Le PSG, par exemple, vend plus d'un million de maillots par an.
Le mieux, le plus mythique, ce sont les maillots portés. J'en ai une jolie collection. Leonardo m'a par exemple offert celui qu'il portait pour la finale de la Coupe du monde 1998 avec le Brésil. « C'est un mauvais souvenir pour moi et un bon pour toi, m'avait-il dit, alors cadeau. » Le soir de mon premier direct, un France-Irlande de 1976 sur TF1, Michel Platini est venu me voir pour m'offrir sa tunique bleue. Je ne vous cache pas que ça fait quelque chose.

FRÔLER LA CORRECTIONNELLE

Subir la domination adverse sans prendre de but ou échapper de justesse à un carton (jaune ou rouge)

Les tribunaux correctionnels jugent des délits. Au football, quand on *frôle* ou qu'on *frise la correctionnelle*, c'est que la peine n'est pas tombée, c'est-à-dire que l'équipe n'a pas encaissé de but alors qu'elle en était tout proche.

Le verbe *friser* s'emploie pour associer la notion de ridicule. D'ailleurs, l'expression s'emploie souvent lorsque le but évité de peu avait pour origine une erreur commise par l'équipe à peine sauvée (par son destin, un poteau ou un geste inespéré...).

Frôler la correctionnelle peut aussi renvoyer à une faute qui aurait pu valoir un carton. L'arbitre (comme le juge) n'applique pas de peine mais, avec son hésitation ou ses paroles de sursis, permet pour un temps d'éviter la sanction.

GAGNER LA BATAILLE DU MILIEU

Maîtriser le jeu au milieu du terrain

Souvent, au football, la victoire est une affaire de milieu, mais on ne parle pas du *milieu* au sens de la pègre ou de la mafia : ça, c'est une autre histoire. Et si les combats sur le terrain peuvent avoir des airs épiques, on est loin aussi de la « Terre du Milieu » imaginée par J. R. R. Tolkien. Le *milieu* dont il est question est tout simplement le milieu du terrain, lieu où les ballons sont âprement disputés, soit en phase offensive, soit en phase défensive.

Ainsi, les joueuses et joueurs au poste de milieux de terrain doivent à la fois alimenter leurs attaquants en ballons mais aussi accomplir des tâches défensives, afin de prévenir les attaques adverses. Lorsqu'une équipe prend le dessus sur une autre dans ce secteur du terrain, on dit qu'elle a *gagné la bataille du milieu*. On la verra donc plus offensive et plus efficace, même si gagner la bataille du milieu ne permet pas de gagner le match, personne n'étant à l'abri d'un but de raccroc ou d'un exploit individuel.

GAGNER LE TOSS

Gagner le tirage au sort initial qui détermine le choix du camp et l'équipe qui engage

On peut *gagner le toss*, mais cela ne procure aucun point et ne figurera sur aucun palmarès. Le *toss* est en effet un simple tirage au sort qui se déroule au bord ou au milieu du terrain, avant le début du match, et qui correspond à la loi 8 du football : « Coup d'envoi et reprise du jeu. » Le mot vient de l'anglais *coin toss*, littéralement « lancer de pièce », à partir du verbe *to toss*, « lancer ». L'arbitre demande aux capitaines des équipes de faire un choix à pile ou face et, après le lancer de la pièce, le gagnant peut choisir soit la moitié de terrain dans laquelle son équipe va commencer, soit l'initiative du coup d'envoi ; dans ce cas, l'autre capitaine peut choisir sa moitié de terrain.

A priori anodin, ce choix peut être déterminé par des conditions climatiques (vent ou soleil) ou associé à certaines habitudes ou superstitions : certaines équipes aiment choisir dans quelle zone elles vont attaquer en deuxième mi-temps, de préférence face au kop (tribune où se réunissent les supporters d'un club) le plus bouillant, qui sera à même de les porter en fin de match. ↘

GAGNER LE TOSS

Pile ou face : je ne sais pas si cela change grand-chose. Le plus important, c'est probablement d'éviter que le gardien n'ait le soleil dans les yeux (la nuit, ce n'est donc plus un problème). L'impact psychologique est assez négligeable à mon avis. Je n'ai jamais entendu une causerie ou une stratégie de match qui dépendrait du toss. Mais le toss peut être important au moment de la séance de tirs au but, car c'est toujours un avantage de commencer à tirer. Nous l'avons appris à nos dépens un soir de juillet 2006.

UN GARDIEN CRUCIFIÉ

Un gardien immobilisé par une frappe puissante et/ou rapide

Qu'il soit *crucifié* ou *fusillé*, un gardien peut se trouver figé face à une action ou un geste qui mène au but. Dans les deux cas, sa mort (temporaire) se marque par une immobilité, souvent mêlée de surprise, face à la vitesse d'une balle alliée à la soudaineté d'une frappe. On crucifie le gardien de la tête comme du pied, le paralysant dans sa position d'attente, les bras écartés, faute d'avoir eu le temps de les bouger. Une telle silhouette, figée même quelques instants, évoque une crucifixion biblique.

Dans le cadre de la fusillade, le tireur a la part belle (souvent lorsqu'il *tire à bout portant*) mais sa réussite n'est pas garantie car le gardien peut réaliser un exploit ou se trouver sur la trajectoire et dévier le ballon. *Fusiller un gardien* n'est pas synonyme de but marqué, alors que dans toutes les crucifixions c'est bien l'avancée du score et le sifflet de l'arbitre qui sonnent le glas. ↘

UN GARDIEN CRUCIFIÉ

Jésus-Christ aurait donc une descendance ? Le gardien est comme cloué, impuissant. Mais ce n'est pas forcément un coup mortel : un but pris n'est pas un match perdu. Et puis, une équipe peut toujours ressusciter. On peut être crucifié par un coup du foulard, mais alors on ne saurait plus à quel saint se vouer.

« GOOOOOAAAAAL ! »

Exclamation pour signaler un but et dont la durée de l'allongement vocalique correspond à la beauté du geste ou à l'importance du score

Si l'on dit encore *goal* en français pour parler du gardien de but (en anglais *goalkeeper*), *mettre un goal* pour « marquer un but » se dit davantage en français de Belgique. Mais les « goal ! » les plus longs, les plus célèbres, les plus intenses, sont ceux qui sont criés par les journalistes ou les commentateurs sportifs. Ce mot de quatre ou trois lettres (*gol* en espagnol ou en portugais) peut se prononcer en une syllabe et quelques fractions de seconde. Pourtant, quand un but est marqué grâce à un geste magnifique ou quand il a une importance particulière au tableau d'affichage (en relançant le match), le « goal ! goal ! » est hurlé à la radio ou à la télévision pendant de très longues secondes (souvent proportionnelles à son ampleur).

Ce procédé d'allongement vocalique est d'ailleurs plus facile à prononcer avec la voyelle ouverte de la lettre O plutôt qu'avec celle, fermée, correspondant au U du mot *but*. C'est une des explications qui permet de justifier la différence entre les commentaires latino-américains en langues espagnole ou portugaise et les commentaires français en particulier. Le *Livre Guinness des records* attribue pourtant le cri le plus long pour un but à un supporter allemand, avec une durée totale de 43,56 secondes.

UN GOAL VOLANT

Un gardien de but pouvant jouer dans le champ

Le football est un sport universel dont les 17 lois, les mêmes depuis les origines, sont écrites par l'International Football Association Board (IFAB). Il arrive cependant qu'ici et là, dans les millions de matchs non officiels joués chaque jour dans les cours de récréation, dans les rues, en bas des blocs des cités et dans les parcs, sur les plages... des règles particulières voient le jour. C'est le cas de la règle du *goal volant* (en anglais *rush goalie, fly goalie* ou *fly keeper*) pratiquée notamment en cas de sous-effectif. Au lieu de rester scotché dans sa surface de réparation, le gardien de but a le droit de participer au jeu en tant que joueur de champ, et donc de « monter » voire carrément de « voler » jusqu'à l'autre bout du terrain. Évidemment, en cas de contre, il a tout intérêt d'avoir prévu un vol retour...

Cependant, cette règle fait souvent l'objet de disputes lorsqu'une équipe conteste la sortie du gardien : « On n'avait pas dit goal volant ! » Comme l'écrit François Thomazeau dans son récit d'enfance *Minot* (2012) : « Le statut de goal volant permettait surtout d'arrêter avec les mains un ballon qui filait vers notre but alors que l'on n'était pas du tout gardien au moment de la frappe. » Il n'y a pas que chez les pros que les règles sont soumises à interprétation !

Sur les vrais terrains de foot, avec les vraies règles du ballon rond, certains gardiens sont aussi volants grâce à leurs sauts et leurs plongeons. Le meilleur gardien dans les airs, à mon avis, c'était probablement Bernard Lama. Il avait un sens du timing *sans équivalent. Les gardiens de but sont des gens à part, qui vivent le football autrement. Ils portent une responsabilité démesurée pour une gloire, une reconnaissance et un salaire souvent moins importants que les joueurs de champ. René Vignal a été le premier gardien que j'ai vraiment admiré. Il jouait au début des années 1950 au RC Paris et en équipe de France. Il fut surnommé* « the Flying Frenchman » *par la presse anglaise à la suite d'un match dantesque contre l'Écosse. Il passera ensuite sept ans en prison – mais pas en tant que gardien – pour 27 braquages à main armée. Rien que ça. Je l'ai rencontré à sa sortie et nous n'avons parlé que du football. Sa passion était intacte.*

UN GOLEADOR

Un buteur de qualité

Le terme *goleador* provient de la langue espagnole et il signifie « buteur ». Lorsqu'il est employé en français dans sa version castillane d'origine, il ajoute une touche de prestige à la personne ainsi surnommée. On pourrait alors dire que *goleador* correspond à « grand buteur » ou à « buteur productif » lorsqu'il est en usage du côté nord des Pyrénées.

Pour revenir à son usage ibérique, le meilleur des goleadors sur une saison régulière de Liga (ligue professionnelle de football en Espagne) s'appelle le *pichichi*. Il s'agit d'une antonomase encore, mais en référence au surnom d'un très célèbre buteur basque, Rafael Moreno Aranzadi, décédé en 1922. La référence originelle à sa petite taille (1,54 mètre) a dépassé son grand talent et lui a permis d'entrer ainsi dans la postérité.

Le goleador *est un « grantatakan » (comme on dit sur la Canebière) devant l'éternel. En dessous d'une vingtaine de buts par saison, on ne peut pas entrer dans ce club fermé. C'est la quantité qui compte, pas forcément la qualité.*

UN GRAND PONT ET UN PETIT PONT

Un geste technique pour dépasser son adversaire en faisant passer la balle d'un côté et en courant de l'autre (*grand pont*) ou en faisant passer le ballon entre ses jambes (*petit pont*)

Qu'ils soient grands ou petits, les ponts au football sont des débordements canalisés. Ainsi le *grand pont* consiste à pousser la balle d'un côté, hors d'atteinte d'un adversaire, puis à le dépasser de l'autre côté afin de reprendre son dû et de poursuivre son chemin. Le *petit pont* est lui plus réduit : il est formé par les jambes de l'adversaire à l'intérieur desquelles la balle est glissée afin d'être reprise ensuite de l'autre côté. Dans le football dit *de rue* ou sur petit terrain, le petit pont est prisé à cause du manque d'espace, mais il est aussi une source d'humiliation suprême lorsqu'on le subit : personne n'aime se prendre un *petit pont*.

En Afrique francophone, mais aussi ailleurs, on parle parfois de *panna*. Ce mot vient sans doute du Suriname où l'on parle le sranan tongo, créole à base anglaise et néerlandaise dans lequel *panna* désigne « une porte, un portail »... qu'il s'agit donc de franchir avec le ballon. Il existe même aujourd'hui des matchs de panna dont la règle est assez simple : dans un duel de trois minutes, faire subir un *petit pont* à l'adversaire.

En Angleterre, il est connu sous le nom de *nutmeg*. Littéralement, cela signifie « noix de muscade », mais c'est davantage la référence à l'anatomie (frôlée) du joueur qu'aux graines des fruits du muscadier dont il est question.

À l'inverse du dribble, qui est instinctif et improvisé par le joueur, le grand pont est un geste plus réfléchi : il faut de l'espace derrière, pour prendre suffisamment de vitesse, et que le joueur adverse soit fixé sur ses appuis.
Celui de Pelé en demi-finale de la Coupe du monde 1970 contre l'Uruguay est à la fois un des plus beaux et un des moins conventionnels : sur une passe en profondeur, Pelé ne touche pas le ballon, ce qui lui permet d'éliminer le gardien en pleine course. Le grand pont sans y toucher. Le grand pont en pivot de Dennis Bergkamp (Arsenal) contre Newcastle en 2002, avant un plat du pied directement dans les filets, est également sublime.

LES GRIGRIS

Les enchaînements de gestes, souvent superflus, effectués afin de tromper l'adversaire

Au football, les *grigris* n'ont pas de lien avec un marabout. Ils représentent des gestes excessifs, un peu superflus, qui viennent troubler le déroulement habituel d'une rencontre. Souvent rapides, ce sont des mouvements, principalement des jambes (rotation du pied au-dessus du ballon, feinte de crochet avec le ballon qui reste arrêté...), qui entrent dans la catégorie des dribbles et qui attirent l'attention. Difficile de recenser ces nombreux gestes, tant il y a au moins une cinquantaine de nuances de grigris.

Perçus comme des provocations par l'adversaire, moyens de diversion pour les pratiquants, les grigris font réagir et ne laissent pas indifférents. Ils amènent parfois à des tacles dont la férocité n'a d'égale que le niveau d'agacement qu'ils provoquent.

L'origine du mot n'est pas connue. Si dans le lexique courant, le *grigri* renvoie à un talisman fait pour se protéger contre le mauvais sort, au football il est davantage un écran de fumée qui attire l'attention voire envoûte l'adversaire.

Terme péjoratif pour désigner une œuvre d'art brésilienne. Ronaldinho, Rivaldo ou Neymar pourraient « dribbler le bottin dans une cabine téléphonique », comme disait Thierry Roland. Pour les plus jeunes, le bottin fait la taille d'un dictionnaire Le Robert et une cabine téléphonique fait à peu près celle d'un petit ascenseur. Dribbles pour le plaisir du joueur et du public, les grigris apportent un peu de poésie dans ce monde de buts.

LE GROUPE DE LA MORT

Le groupe particulièrement relevé dans une compétition, avec des équipes de haut niveau

Le hasard joue un rôle important dans le football, sur le terrain comme en dehors ; le tirage au sort en fait partie. Il peut n'avoir aucune incidence lors du toss (en début de match, lancer à pile ou face qui détermine dans quel camp commencent les équipes et qui engage le premier). Il peut en revanche être décisif lors des tirages au sort des compétitions. Coupes nationales ou internationales, Coupe du monde... Les tirages au sort médiatisés rythment la vie du monde du football avec tout ce que cela entraîne de spéculations, projections, calculs, pronostics...

Dans les grandes compétitions, afin de ne pas occasionner de chocs trop tôt, les équipes sont classées par « chapeaux » : les meilleures équipes (dans les classements officiels) dans le chapeau A, les équipes un peu moins cotées dans le B, et ainsi de suite jusqu'au chapeau D. Mais il arrive que, par le jeu du hasard, des équipes de très haut niveau se retrouvent d'emblée à devoir s'affronter dans une « poule ». On parle alors de *groupe de la mort*, dans lequel une ou deux équipes relevées vont être forcément éliminées tôt dans la compétition. *Sortir du groupe de la mort* est alors considéré comme un exploit.

Cette terrible expression permet de vendre pas mal d'encre et de faire monter la pression avant une compétition si plusieurs favoris se retrouvent dans le même groupe. C'est surtout assez excessif : la seule chose qui « meurt », c'est la réputation d'une grande équipe qui ne parviendrait pas à se qualifier. Mais elle peut toujours ressusciter plus tard. À ce jour, le seul moyen connu et légal pour éviter le groupe de la mort, c'est de faire appel à la « chatte à DD ». Didier Deschamps aurait eu, dit-on, de la chance pendant toute sa carrière. À la vérité, sa réussite n'est due qu'à son talent et à son travail, ce qui ressemble à de la chance pour les non-initiés.

UN HOLD-UP

Une victoire imméritée

En français, un *hold-up* est un « braquage ». On lève les mains en l'air et, à la différence d'un concert, on les garde bien haut en permanence jusqu'à la fin... Au football, l'expression *faire un hold-up* exprime l'idée de gagner sans mériter la victoire : l'équipe qui a fourni le plus beau jeu ou qui a eu le plus grand nombre d'occasions n'est pas « récompensée » et à l'issue du match, après une défaite, elle se retrouve démunie, dépouillée, sans point. C'est pour cela que les joueurs, le staff et les supporters ont l'impression de s'être fait *braquer*, d'avoir assisté à un *hold-up*.

Au football, *voler un match* ne renvoie généralement pas à la corruption mais à une victoire dite *contre le cours du jeu*. Comme si faire le bien ou le beau (jeu comme geste) devait donner un résultat positif final. Trop souvent, l'arbitre sera considéré comme le complice voire comme l'auteur de l'acte lui-même, mais cette qualification, pour ne pas dire cette condamnation, trouvera sa source chez les perdants à la recherche de coupables.

L'exemple du hold-up*, c'est le match qu'on gagne alors que l'adversaire a 80 % de possession. Rien à voir avec une escroquerie ! La possession est devenue la formule magique des entraîneurs, mais en faire l'alpha et l'oméga du jeu est une erreur. À propos de l'équipe de Pep Guardiola, José Mourinho, goguenard, avait un jour lancé aux journalistes : « Ils peuvent emporter le ballon à la maison s'ils le veulent, moi je prends les trois points. »*

L'HOMME EN NOIR

Surnom donné à l'arbitre

Si les arbitres de football n'ont pas inspiré les *Men in Black* du cinéma, on les a longtemps appelés les *hommes en noir* à cause du maillot noir traditionnellement porté par les représentants du corps arbitral sur le terrain : arbitre central, juge de touche, 4e arbitre. Pourtant, depuis 1986, d'autres couleurs sont autorisées : jaune, vert, bleu, rose… Les autorités du football ont voulu sortir de la symbolique quelque peu autoritariste et macabre véhiculée par la couleur noire (on surnommait d'ailleurs aussi les arbitres les « corbeaux »). Le choix des couleurs est fait en accord avec les couleurs des équipes qui s'affrontent afin de ne pas entraîner de confusion.

Cette expression d'*homme en noir* devrait assez vite disparaître, non seulement en raison de la croissance du football féminin, mais aussi parce que de plus en plus de femmes officient au sifflet, y compris dans le football masculin.

Les arbitres de très haut niveau savent échanger avec les joueurs, comprendre leur psychologie, leur tenir tête si besoin. Longtemps métier exclusivement masculin, l'arbitrage se féminise lentement. Stéphanie Frappart, première femme à arbitrer la Ligue des champions masculine en 2020, fera des émules. L'arbitre a longtemps porté la couleur des magistrats. C'est son rôle sur le terrain. Mais c'est une expression du passé, car leur tunique est aujourd'hui plus souvent jaune et sponsorisée par La Poste – pour une livraison plus rapide des cartons.

LE HOURRA FOOTBALL

Désigne un jeu décousu

Dans certaines circonstances, on n'a pas le temps de *faire de la dentelle* : il faut parer au plus pressé, dégager un ballon chaud dans la surface, repousser les assauts répétés de l'adversaire, balancer le ballon devant pour jouer vite... Lorsqu'une phase de jeu voit s'enchaîner gestes maladroits, contrôles ratés, dégagements approximatifs, têtes envoyées n'importe où, passes adressées à personne, on parle de *hourra football*. Ce « style » de jeu apparaît aussi lorsque les deux équipes se livrent sans rien calculer, en prenant tous les risques, en jouant galvanisées par l'enjeu ou chauffées à blanc par un public qui encourage... ce qui renvoie à l'étymologie du mot *hourra*.

Lointain emprunt à l'anglais *huzza*, « cri d'encouragement des marins » aux XVIIe et XVIIIe siècles selon le *Dictionnaire historique de la langue française* d'Alain Rey, il vient du verbe *to heeze*, « hisser », car les marins anglais s'encourageaient avec ce cri en hissant leurs voiles. Le mot est entré en français en passant par plusieurs variantes : *houzaye*, *huzza*, *houzza*, *houra*, *hurra*... Le hourra football déplaît aux puristes, mais il donne parfois lieu à des moments d'une rare intensité, sans que l'on sache de quel côté la balance va pencher.

ICI C'EST PARIS

Slogan du Paris Saint-Germain

Comme son nom l'indique, ce slogan est entonné par les supporters du club de Ligue 1 de la capitale française. Dans la concurrence entre ses deux virages, Boulogne et Auteuil, c'est ce dernier qui avait été le plus rapide en déposant la marque *Ici c'est Paris* en 2008. Désormais, elle appartient officiellement au PSG et ce depuis 2019. Ce slogan est l'un des plus connus. Sa force réside dans plusieurs effets.

Le premier est celui de l'assonance en *i* : à l'initiale, en interne puis en finale, la voyelle englobe l'ensemble. Le rythme ensuite, car il conviendrait d'écrire plutôt *Ici c'est... Paris*. Un horizon d'attente se crée avec la pause souvent précédée d'une tonalité montante, comme s'il s'agissait d'une question (*Ici c'est... ?*). Le mot *Paris* apparaît comme une réponse évidente, portée par le chœur des voix qui le scandent. Un dernier aspect, pragmatique, fait que ce slogan s'applique assez facilement au Parc des Princes, stade officiel du PSG, mais qu'il peut aussi se transposer ailleurs. Même si la ville n'est pas Paris, scander de tels mots pourrait alors avoir valeur d'appropriation : l'équipe et ses supporters marquent leur territoire, comme certains ont pu planter un drapeau afin de revendiquer une terre.

ICI C'EST PARIS

Toutes les équipes cherchent à intimider leurs adversaires pour prendre l'ascendant psychologique. Tifos, chants ou fanfaronnades en tout genre servent autant à encourager l'équipe à domicile qu'à faire peur aux visiteurs. Je ne suis pas persuadé que cela ait une véritable influence sur les joueurs de haut niveau aujourd'hui. L'avantage d'être à domicile existe encore mais, à mon avis, il est beaucoup moins important qu'avant. La preuve : les buts à l'extérieur valent désormais autant qu'à la maison !

UN JEU EN PROFONDEUR

Un jeu long, en direction du but adverse

Le *jeu en profondeur* pourrait aussi s'appeler le *jeu en longueur* étant donné qu'il s'agit d'un mouvement vers l'avant, généralement provoqué par une longue passe. En effet, une équipe a la possibilité de faire circuler le ballon dans la largeur du terrain, ce qu'elle fait généralement lorsque le pressing adverse l'empêche de progresser.

Pour sauter ou casser les lignes, un joueur peut alors essayer de *trouver la profondeur* ou de *jouer en profondeur* en adressant un ballon long (aérien ou au sol) à un partenaire qui a fait au préalable un appel de balle. Ce jeu peut s'appuyer sur des joueurs aux profils spécifiques : alors que certains sont plutôt habiles à la réception du ballon dans les attaques placées, d'autres, plus rapides, aiment la profondeur. Contrairement à ce qu'affirment certains intellectuels grincheux qui dénigrent ce sport, le football ne manque pas de profondeur.

UN JEU EN TRIANGLE

Une séquence de jeu pendant laquelle trois joueurs se font des passes

Le *jeu en triangle* nécessite autant de joueurs que de sommets à un triangle (pour les non matheux : trois). Dans cette phase de circulation du ballon, un premier joueur A passe le ballon au joueur B qui le passe à son tour au joueur C, lequel peut soit « boucler » le triangle en renvoyant le ballon au joueur A, soit revenir vers le joueur B.

Fait de petites passes successives, le jeu en triangle est notamment pratiqué pour faire sortir le ballon de sa défense et l'amener vers le milieu de terrain, mais il peut aussi être utilisé en phase offensive, agrémenté dans une sorte de une-deux… à trois. Évidemment, la présence d'adversaires au milieu du triangle complique la tâche et demande de redoubler de précision. Le *jeu en triangle* (dont rien ne dit qu'il doit être isocèle ou équilatéral) est souvent pratiqué par des joueurs qui ont l'habitude de jouer ensemble, qui ont des automatismes.

Comme pour toute action au football qui se pratique en tenue réglementaire, les joueuses et les joueurs portent des shorts ; on n'a encore en tout cas jamais vu le *jeu en triangle des bermudas*.

UN JEU EN UNE-DEUX

Une séquence de jeu pendant laquelle deux joueurs se font des passes

Comme son nom l'indique, le *une-deux* nécessite deux joueurs qui vont enchaîner les passes entre eux, généralement des passes courtes dans un petit périmètre, pour leur permettre de pénétrer dans la surface adverse. Le joueur un envoie la balle au joueur deux, qui la remet ensuite au joueur un. Cette phase de jeu suppose une grande entente, plusieurs automatismes entre les joueurs ainsi qu'une certaine lecture du jeu.

En cas d'affinité, un *double une-deux* (revoyez vos tables de multiplication) est possible. Le *une-deux* entre dans la série des combinaisons et peut être intégré au jeu en triangle (revoyez vos règles de géométrie). En plus de l'échange rapide dans un petit espace, le *jeu en une-deux* se caractérise par une rapidité d'exécution permise par la touche (ou frappe) directe, sans contrôle de la balle. Si cette dernière se perd et ricoche comme si les joueurs étaient des quilles, on ira plus du côté du billard et les chiffres vont s'envoler, sans que l'on gagne en qualité.

UN JEU EN ZONE

Un système de jeu reposant sur le contrôle de zones et un déplacement collectif de l'équipe

Le *jeu en zone*, ou *défense en zone*, est un système de jeu qui repose sur un principe fondamental : en phase défensive, les joueurs ont la charge d'une zone du terrain plutôt que de joueurs particuliers. Largement favorisée dans le football moderne, la zone s'oppose au marquage individuel (plus traditionnel). Le jeu en zone s'appuie également sur la règle du hors-jeu, qui permet de laisser libre une zone défensive, mais qui nécessite la coordination de toute l'équipe ; on parle parfois de *bloc-équipe*.

En clair, dans le jeu en zone, c'est toute l'équipe qui avance ou qui recule, selon des schémas très précis, en fonction de la position du ballon et pas forcément des joueurs adverses. L'idée est de réduire les espaces pour récupérer le ballon. Le jeu en zone permet également à une équipe de se projeter vers l'avant en cas de récupération de la balle.

UN JEU SANS BALLON

Une action réalisée sans la balle au pied, pour influencer le comportement de l'équipe adverse

Le football est un jeu de ballon, certes, mais comme il n'y en a qu'un seul sur le terrain lors des matchs, l'heureux élu (son détenteur) peut sembler bien privilégié par rapport aux autres. Justement, ces derniers ne sont pas en reste. Les 21 joueurs en attente de la balle, ou simplement sans ballon, peuvent avoir une influence considérable sur le reste de l'action. Dans le *jeu sans ballon*, on peut recenser les appels de balle (courses faites pour recevoir ou faire croire que l'on souhaite le ballon) mais aussi les placements défensifs qui contraignent l'heureux possesseur.

Si deux ballons se retrouvent accidentellement sur le terrain en même temps, l'arbitre interrompt le jeu pour n'en garder qu'un seul. En demi-finale de l'Euro 2020 (durant l'été 2021), l'Angleterre bat le Danemark à la suite d'un penalty (en deux temps), contesté par la présence de deux ballons sur la pelouse. L'arbitre ayant jugé que la présence du second ballon n'apportait pas d'interférence au jeu, il a maintenu sa décision. Comme quoi, même le ballon peut parfois se retrouver seul et sans joueur. ↘

UN JEU SANS BALLON

On peut déstabiliser le bloc adverse simplement avec le mouvement du groupe, les appels, les déplacements pour attendre le ballon (ou pas). Une sorte de mécanique des fluides se met en place sur le terrain, avec des espaces qui se libèrent quand d'autres se bouchent. Cela permet aussi aux joueurs moins techniques de s'illustrer et de montrer leur abnégation. Malheureusement, on ne le voit pas forcément à la télévision.

JOGA BONITO

Expression brésilienne pour caractériser un style de football technique et agréable à pratiquer ou regarder

L'expression *joga bonito* signifie « beau jeu » et possède des origines multiples. Si l'on ne regarde que la version en portugais du Brésil, elle est popularisée à la fin des années 1950 durant le règne du joueur emblématique Edson Arantes do Nascimento, plus connu sous le nom de « Pelé ». Mais un commentateur de l'époque l'aurait utilisée pour décrire un de ses coéquipiers : Valdir « Didi » Pereira (l'inventeur du coup franc *en feuille morte*). L'expression *beau jeu*, dans sa version originale anglaise *The Beautiful Game*, aurait renvoyé dès la fin du XIXe siècle au tennis et, encore un demi-siècle plus tôt, elle aurait permis de décrire l'ancêtre du sport appelé *lacrosse*. Au football, il s'agit d'un style de jeu mené avec un état d'esprit mêlant légèreté et insouciance tout en croisant la technique avec de la créativité.

Une célèbre marque symbolisée par une virgule horizontale a repris l'expression populaire sous forme de slogan dans le milieu des années 2010. Notons que l'expression emploie le verbe *jouer* (conjugué en *joga*) et non le substantif *jeu* (*jogo*). Elle est donc une formule qui se matérialise sous forme d'encouragement, d'incitation à bien faire ou à faire en beauté.

JOUER EN CONTRE

Jouer de manière défensive avec des attaques qui surprennent l'adversaire

Un match de football voit se succéder des phases offensives et des phases défensives, chaque équipe essayant de marquer un but en trompant la vigilance de la défense adverse. Mais si le jeu peut prendre la forme d'attaques dites *posées*, avec une circulation du ballon autour de la surface de réparation, il peut parfois se dérouler *en contre*.

Le *contre* est une phase offensive qui survient lorsque l'équipe qui était en train d'attaquer perd le ballon et doit en urgence revenir en mode défensif... tandis que l'équipe qui l'a récupéré se rue à l'attaque en profitant d'une défense désorganisée et parfois d'un surnombre.

Et si le contre résulte d'une opportunité, certaines équipes aiment *jouer en contre* : leur dispositif est organisé pour défendre solidement et pour profiter des moindres occasions pour contrer, en préférant par exemple aligner en attaque des joueurs rapides qui peuvent prendre la profondeur. Quand ça réussit, le contre, tout le monde est pour.

Attendre. Se laisser dominer. Résister. Et attaquer à très grande vitesse. La recette est éprouvée. L'Atlético de Madrid est une bonne équipe de contre, avec une tradition d'attaquants comme Antoine Griezmann qui défendent beaucoup et qui, en une seconde, basculent vers l'attaque à très grande vitesse. Des joueurs rapides et talentueux comme Mbappé ou Vinícius Jr. sont de fantastiques joueurs de contre. Ils n'ont pas encore joué ensemble, pour l'instant…

JOUER EN SENTINELLE DEVANT LA DÉFENSE

Occuper une position de milieu de terrain défensif

Les métaphores à la fois guerrières et médiévales ne manquent pas dans les commentaires sportifs. Face aux assauts de l'équipe adverse, la défense assiégée essaie de résister et se montre parfois puissante comme une forteresse. La *sentinelle* entre dans ce champ sémantique. Il s'agit d'un joueur du milieu de terrain dont les tâches sont principalement défensives, même s'il peut bien sûr relayer des ballons vers l'avant et participer à des contres. On dit alors de ce joueur qu'il *joue en sentinelle*.

Placée dans l'axe, devant la défense, la sentinelle essaie d'être un premier rempart, pour filer la métaphore. Mais contrairement à une véritable sentinelle, souvent immobile à son poste afin de guetter et surveiller, le joueur sentinelle doit multiplier les déplacements pour enrayer les attaques adverses et faire opposition active à l'avancée.

Parmi les sentinelles les plus incontournables, on compte Patrick Vieira ou encore Paul Pogba.

JOUER LA MONTRE

Perdre du temps pour maintenir un résultat

Le football se joue en deux périodes de 45 minutes, entrecoupées d'une mi-temps de 15 minutes pour le repos. Cependant, du temps additionnel est souvent accordé par l'arbitre afin de tenir compte des arrêts de jeu qui ont pu ralentir le temps de jeu effectif : blessures, consultation de la VAR, changements de joueurs, interruption pour cause de fumigènes...

Généralement, en fin de match, l'une des deux équipes a intérêt à maintenir le score en l'état (soit une victoire ou un match nul) tandis que l'autre pousse pour essayer de marquer et de changer l'issue de la rencontre. La première équipe fait alors tout pour *faire défiler le chronomètre*, autrement dit laisser filer du temps pour se rapprocher du coup de sifflet final, sans subir les assauts de l'adversaire. Tous les moyens sont bons pour perdre du temps : dégagements aux six mètres ou touches retardées, simulations de blessures ou de crampes, petit coup de pied mesquin dans le ballon pour l'éloigner des joueurs adverses sur un arrêt de jeu...

Jouer la montre, c'est à la fois une course contre le temps bien naturelle dans une compétition encadrée par une durée limitée, mais aussi un état d'esprit souvent décrié... ↘

JOUER LA MONTRE

Si on joue la montre, *c'est pour gagner du temps. Ce poker de fin de match a souvent lieu quand on mène au score, mais de peu. Toutes les petites martingales sont alors bonnes : le gardien qui prend son temps pour dégager le ballon, le joueur pour faire une touche, un corner ou un coup franc. On peut aussi rester au sol le plus longtemps possible suite à un contact, multiplier les passes en retrait ou mettre du temps à sortir du terrain pour les changements. Évidemment, ce n'est pas très fair-play, mais tout ce qui n'est pas interdit est autorisé. Cela n'échappe pas à l'arbitre qui accorde parfois un peu de temps supplémentaire pour compenser (mais rarement à la hauteur du temps gagné). La France n'a pas su jouer la montre contre la Suisse lors de l'Euro 2020... En même temps, c'est probablement plus difficile de berner un pays d'horlogers.*

JOUER LES DEUXIÈMES BALLONS

Récupérer les ballons qui traînent

Hormis en cas de renvoi accidentel d'un deuxième ballon sur la pelouse par un ramasseur de balles inattentif, il n'y a qu'un seul ballon en jeu. Mais tout le monde veut le posséder, le contrôler, le frapper et l'expédier au fond des filets. D'or, il récompense les légendes. Perdu, il offre l'opportunité à l'adversaire de mener un contre. Premier, il est à saisir pour s'emparer du jeu. Deuxième, il nécessite que l'on soit attentif pour le récupérer.

Le deuxième ballon est en effet ce ballon qui, suite à un dégagement ou à un centre, est renvoyé dans une autre aire du jeu sans être encore contrôlé par l'une ou l'autre équipe. *Jouer les deuxièmes ballons*, c'est disputer ces ballons pour s'en emparer, autrement dit être plus agressif que l'adversaire pour contrôler l'objet de toutes les convoitises. C'est souvent dans sa gestion des deuxièmes ballons que l'on constate la mainmise (le *piedmis* ?) d'une équipe sur le match.

À Marseille, le *ballon* c'est le football tout court. Le mot peut en effet désigner le sport en lui-même. Quand on va voir un *match de ballon* ou quand on *inscrit le minot au ballon*, on sait qu'on ne parle pas de rugby et qu'il s'agit bien du foot. Comme le chante le groupe Massilia Sound System :

> « J'aurais voulu être un grand joueur de ballon
> Sous le maillot bleu et blanc puisque j'aurais été bon. »

JOUER SUR LES AILES

Jouer sur les zones latérales du terrain, les plus proches des lignes de touche

Sur le rectangle que représente un terrain de football, les *ailes* sont les deux bandes latérales qui se situent le long des lignes de touche. Représentées dans les longueurs, elles sont plus souvent mentionnées en position d'attaque. À droite comme à gauche, les joueurs qui évoluent habituellement dans ces zones sont appelés des *ailiers*. Souvent abordées, comme si elles servaient à déborder, elles sont les espaces recherchés pour effectuer des centres permettant la passe souhaitée comme décisive.

Jouer sur les ailes fait référence à une occupation importante du terrain qui ne monopolise pas l'axe et qui fonctionne par contournement. Le verbe *écarter* s'emploie beaucoup dans ce contexte : on *écarte sur les ailes*, on *écarte latéralement* afin de mieux pouvoir progresser verticalement. Si l'avancée se fait de la sorte, on parlera aussi de *couloirs*. La métaphore est moins aérienne, mais il n'en demeure pas moins qu'après un tacle appuyé sur les ailes, on peut y laisser quelques plumes.

L'ARBITRE VOIT ROUGE

Expression utilisée lors d'une sanction d'exclusion définitive du terrain (carton rouge)

Dans le football contemporain, l'assortiment de couleurs des cartons dont dispose un arbitre est assez limité. Jusqu'en 2003, il existait un carton vert pour indiquer aux soigneurs qu'ils pouvaient entrer sur le terrain, mais un simple geste de la main suffit désormais. Si la série B (deuxième division professionnelle italienne) a tenté de l'instaurer pour saluer le fair-play de certains joueurs, il n'y a que deux couleurs marquantes : le jaune et le rouge.

Avec une gradation dans le niveau de gravité d'une faute, le jaune sanctionne une faute légère à modérée tandis que le rouge renvoie à une faute grave. Le carton rouge est synonyme d'expulsion définitive (du terrain comme du banc de touche). D'ailleurs, à l'issue du match, une commission de discipline analyse *a posteriori* sa teneur, pouvant sanctionner d'interdiction de plusieurs matchs le joueur fautif. Rappelons que deux cartons jaunes dans un même match valent pour un carton rouge.

L'expression *l'arbitre voit rouge* renvoie davantage à une exclusion directe (un carton rouge sans carton jaune préalable). Elle équivaut à la sanction qu'il inflige suite à son évaluation visuelle, même si elle peut être aidée de l'audition de ses collègues arbitres adjoints et éventuellement du visionnage de la VAR. ↘

L'ARBITRE VOIT ROUGE

La réaction est instantanée, le rouge est dans les yeux de l'homme en noir. Le carton est inévitable, le geste a dépassé les bornes, la sanction est évidente. Les plus grandes fautes marquent parfois autant que les buts. Le recordman absolu du nombre de cartons rouges en carrière est le joueur colombien Gerardo Alberto Bedoya Múnera, avec 46 cartons rouges. Le deuxième est le Français Cyril Rool, avec 27. Sergio Ramos est troisième avec 23. Marco Materazzi est dixième du classement mondial, avec 15 cartons rouges. Matera-qui ?

LA MAIN DE DIEU

Un but marqué illicitement de la main et associé à son célèbre auteur, Diego Maradona

Le football est un sport qui, étymologiquement, se joue avec les pieds et une balle. Il serait bien évidemment réducteur de se limiter à ces deux éléments, même s'ils peuvent constituer les deux centres d'attention primordiaux. En effet, les gardiens de but sont autorisés à saisir le ballon avec la main, mais seulement dans leur surface de réparation et à condition que la balle ne vienne pas d'une passe intentionnelle d'un membre de leur propre équipe. N'oublions pas les remises en jeu depuis la ligne de touche qui s'effectuent à deux mains.

L'expression *la main de Dieu* renvoie au premier des deux buts que Diego Maradona inscrivit lors du quart de finale de la Coupe du monde 1986 au Mexique : un but marqué d'une main clairement volontaire. Il confia alors en conférence de presse que l'action s'était produite « un peu avec la tête de Maradona et un peu avec la main de Dieu ». La foi de l'Argentin avait croisé la mauvaise foi du joueur roublard.

La main de Dieu est ensuite devenue une formule pour celles et ceux qui, trompant la vigilance arbitrale, arrivent à marquer ainsi illégalement. Toutes ces réussites comptables au niveau du tableau d'affichage n'ont pas systématiquement été auréolées de l'action divine. On pense même à des mains heureuses pour l'équipe de France comme celle de Thierry Henry lors d'un match de barrage contre l'Irlande, en éliminatoires de la Coupe du monde 2010 - qui l'utilisa certes pour contrôler et non pour marquer. Il n'en reste pas moins que ces mains sont plutôt celles d'un jeu perçu comme vilain. ↘

LA MAIN DE DIEU

Je n'ai jamais aimé les tricheurs.
Pour moi, la main de Dieu, *c'est surtout la main du diable. C'est un fait de jeu, on ne va pas rejouer le match. Mais devenir un héros pour ça, franchement… comme si Maradona en avait besoin pour être une légende ! Je n'aurais pas mis un centime sur le maillot que Diego portait ce jour de 1986… qui s'est pourtant vendu pour près de 9 millions d'euros en 2022.*

LEVER LE DRAPEAU

Signaler une faute ou un hors-jeu

Parmi les milliers de drapeaux qui garnissent les tribunes, deux ont une importance cruciale : ceux des deux juges de touche, ces arbitres latéraux qui détiennent chacun un drapeau aux couleurs rouge et jaune. Le drapeau peut être levé pour signaler une touche, un corner, une faute... ou un hors-jeu. Et c'est sur cette dernière phase de jeu que les drapeaux jouent un rôle considérable et souvent contesté. Levé trop tôt, le drapeau peut annihiler une action qui aurait pu aller au bout. Levé trop tard, il brise la joie de l'équipe qui était déjà en train de célébrer un but... pourtant refusé pour un hors-jeu tardif.

Mais depuis l'introduction de l'arbitrage vidéo (VAR) en 2019, une nouvelle directive impose aux arbitres de touche de ne pas lever le drapeau immédiatement en cas de suspicion de hors-jeu, afin de laisser l'action se dérouler : si le hors-jeu est finalement invalidé après visionnage des images, l'éventuel but pourra être accordé et le drapeau n'aura pas été levé trop tôt. Les ralentis, les mesures numériques des télévisions puis la VAR ont considérablement remis en question les décisions des juges de touche.

UN LIBERO

Désigne un poste de défenseur « libre » dans ses mouvements

Non, la chanson *Il est libre Max* ne s'inspire pas du fait que le grand défenseur français Maxime Bossis évoluait au poste de libero. Le mot est emprunté à l'italien *libero*, ce qui pose d'emblée une question orthographique : doit-on l'accommoder à la française en lui ajoutant un accent comme on le voit parfois écrit : *libéro* ?

Avec ou sans accent, ce mot est associé à un poste bien particulier. C'est l'écrivain et journaliste sportif Gianni Brera (1919-1992), directeur de la *Gazzetta dello Sport*, qui associa ce mot désignant un « homme libre » à un joueur de football (cette plume légendaire de la presse italienne, connue pour ses néologismes, créa aussi, entre autres, le mot *goleador* parfois employé en français). Le *libero* est ce joueur placé entre le gardien de but et les défenseurs, qui couvre sa défense tout en ayant la liberté de monter pour participer au jeu offensif.

Ce poste correspond à une certaine philosophie et à une certaine époque du football, aujourd'hui révolues avec la défense en zone. De nos jours, la sentinelle devant la défense remplit une fonction proche de celle du libero, tout comme le *sweeper* en anglais... Mais dans certains systèmes de jeu, c'est le gardien de but qui, de plus en plus avancé dans sa moitié de terrain et de plus en plus habile au pied, reprend un peu le rôle de libero (Barthez en France autrefois, Neuer en Allemagne...).

Beckenbauer n'avait même pas besoin de regarder le ballon. Le poste de libero, réservé aux joueurs à la fois tactiques et techniques, a disparu dans les années 1990 avec la généralisation de la défense de zone et le piège du hors-jeu. Mais on qualifie parfois encore de liberos *les défenseurs possédant une certaine vision du jeu. Les stratèges sur le terrain, quel que soit leur poste, font souvent d'excellents entraîneurs. Les fans de Deschamps ou Zidane seront d'accord avec moi. C'est la raison pour laquelle j'avais poussé mon ami Ricardo à devenir entraîneur en 1996, après avoir pris sa retraite en tant que joueur en… 1996.*

UN LOB

Un ballon envoyé en cloche

Élevons-nous et prenons un bon bol d'air avec le mot *lob*. Un *lob* est un ballon expédié en hauteur avec une trajectoire de courbe montante puis descendante assez arrondie. La forme peut évoquer une cloche, ce qui explique que l'on parle de *passe en cloche* lorsque l'on soulève ainsi la balle pour l'adresser à un partenaire. Le lob sert donc à passer par-dessus des adversaires sans qu'ils puissent intercepter le ballon. Plusieurs dribbles ou gestes techniques intègrent le principe du lob, comme le *coup du sombrero*.

Le lob peut aussi servir à marquer. Quand un joueur repère un gardien trop avancé, loin de sa ligne de but, il peut tenter de le *lober*. Ce geste, souvent réalisé de très loin, n'est pas forcément précis. Par ailleurs, en choisissant cette option, on s'expose au vent qui peut modifier la trajectoire initiale, d'autant que le lob n'est pas forcément doté de puissance.

Le *Dictionnaire historique de la langue française* nous apprend que le mot est un emprunt de la fin du XIXe siècle à l'anglais *lob* qui, au cricket, décrit une balle lente, frappée par le dessous. Par la suite, le mot a désigné au tennis l'« envoi de la balle au-dessus et hors de portée de l'adversaire ». L'étymologie est complexe à retracer, avec des racines qui remonteraient au bas néerlandais. Le verbe anglais *to lob*, « tomber » puis « se mouvoir ou lancer lourdement », est dérivé du mot *lob* qui, à travers différents sens, renvoie globalement à l'idée d'« une chose lourde, grossière ou lâche ».

Selon le *Livre Guinness des records*, le but le plus long du monde a été inscrit en 2021. Il s'agit du dégagement d'un gardien de quatrième division anglaise, Tom King, qui, après rebond, loba son homologue d'une frappe de… 96 mètres !

LES LOIS DU JEU

Les règles officielles du football

Le football se veut un sport universel dont les règles seraient les mêmes pour toutes et tous, à tous les niveaux, que ce soit en finale de la Coupe du monde ou dans un match de quartier. Ce n'est évidemment pas le cas : tout le monde ne bénéficie pas d'un terrain aux normes, d'un trio arbitral officiel ou de la VAR, ou ne serait-ce même que d'un ballon, parfois improvisé avec une boule de papier. Cependant, le football est régi par 17 lois du jeu supposées universelles et incontournables. Elles concernent (1) le terrain, (2) le ballon, (3) les joueurs, (4) l'équipement des joueurs, (5) l'arbitre, (6) les autres arbitres, (7) la durée d'un match, (8) le coup d'envoi et la reprise du jeu, (9) le ballon en jeu et hors du jeu, (10) l'issue d'un match, (11) le hors-jeu, (12) les fautes et « incorrections », (13) les coups francs, (14) le penalty, (15) la rentrée de touche, (16) le coup de pied de but (le *six-mètres*) et enfin (17) le corner.

Ces lois sont validées et parfois - rarement - retouchées par l'International Football Association Board (IFAB), basé à Zurich, fondé en 1886 par les associations d'Angleterre, d'Écosse, du Pays de Galles et d'Irlande du Nord qui possèdent chacune une voix. Depuis 1913, la Fédération internationale de football association (FIFA), qui représente aujourd'hui les 207 autres nations, a rejoint l'IFAB et possède quatre voix. Cette instance indépendante se présente elle-même ainsi : « Nous sommes les gardiens indépendants des lois du jeu. »

LA LUCARNE

La zone intérieure du coin supérieur du but (formé par l'angle entre le poteau et la barre transversale)

Lorsqu'un gardien est sur sa ligne et bien au centre de sa cage, la lucarne est la zone (sur sa droite et sur sa gauche) la plus éloignée de lui. Avec les poteaux (latéraux) et la barre transversale comme repoussoirs, ce point de mire n'est pas simple à atteindre. À quelques centimètres près, la balle peut être repoussée par les montants, ce qui en fait une zone symbolique et prestigieuse.

En référence à une toile d'araignée qui se fixerait dans les coins d'une maison, on parle de *nettoyer la lucarne* lorsqu'un ballon entre dans le but au plus près de la barre et du poteau : « En plein dans la lucarne ! » Dans ce même contexte, le terme *lunette* est son synonyme. Dans les deux cas, le diminutif est le même lorsqu'on plante la balle dans la *lulu*.

La *lucarne d'Évry* est un défi récent dans lequel des personnes, et même maintenant des personnalités médiatiques, tentent de faire rentrer un ballon à l'intérieur d'une lucarne au sens propre, soit dans une petite fenêtre d'immeuble (plus exactement à travers la fenêtre d'un local poubelle situé au 24, rue Jules-Vallès, un bâtiment du quartier des Pyramides, dans le grand ensemble d'Évry-Courcouronnes, en Essonne).

L'arme fatale, le coup magistral presque impossible à arrêter, dans l'angle de la transversale et du poteau. Il y a un certain nombre d'expressions pour dire la même chose, comme nettoyer la toile d'araignée *(ce que les joueurs font plus souvent sur le terrain que chez eux semble-t-il) ou* nettoyer la lucarne, *comme si le ballon venait laver l'endroit qui prend le plus la poussière dans le but et que si peu savent trouver. Les grands tireurs de coups francs connaissent par cœur le chemin de la lucarne : Cristiano Ronaldo, Lionel Messi, David Beckham, Roberto Carlos, Michel Platini, Juninho… Mais pas besoin d'être une star : on en trouve aussi beaucoup dans le football du dimanche après-midi.*

UNE MADJER

Un but inscrit d'une talonnade semblable à celle faite par Rabah Madjer en 1987

Le panthéon du football comprend des centaines de joueuses et de joueurs de légende, mais seuls quelques-uns peuvent se vanter d'être devenus une antonomase, une figure de style dans laquelle un nom propre est utilisé comme un nom commun (comme une *poubelle*, un *watt*, un *harpagon*, du *diesel*...) Avec Antonín Panenka, Rabah Madjer aura donc laissé son nom dans la panoplie des gestes techniques mémorables qui gardent la « patte » de leur créateur. En l'occurrence, c'est la partie arrière de la patte qui entre en ligne de compte ici puisqu'une *madjer* est un but marqué grâce à une talonnade.

27 mai 1987, à Vienne, en finale de la Coupe d'Europe des clubs champions, le FC Porto est mené 1 à 0 par le Bayern Munich. C'est alors qu'à la 78e minute de jeu, sur un centre en retrait de l'un de ses équipiers, l'Algérien Rabah Madjer, dos au but, décide de reprendre le ballon en demi-volée du talon. Le but redonne de l'espoir au FC Porto qui finira par l'emporter 2 à 1, après un but de Juary sur une passe décisive (mais pas du talon) de... Rabah Madjer.

UNE MANITA

Un match remporté cinq buts à zéro

Cette expression est passée dans le jargon footballistique français mais reste beaucoup moins populaire que dans son championnat d'origine : l'Espagne. *Signer une manita* consiste à remporter un match cinq buts à zéro, en référence aux cinq doigts de la main (*manita* signifie « petite main » en espagnol). Les cinq buts peuvent être inscrits par des joueurs distincts à la différence du *coup du chapeau*. En revanche, cette expression tient aussi compte du score de l'autre équipe qui, lui, doit rester vierge. Une *manita* salue donc la force d'une attaque mais aussi, ne l'oublions pas, la poigne d'une défense.

Pour l'anecdote, le 22 septembre 2015, Robert Lewandowski a inscrit cinq buts consécutifs en seulement neuf minutes. Un record incroyable, mais le Bayern, en concédant un but lors de ce match face à Wolfsburg, n'aura pas *signé de manita*.

MANQUER DE RÉALISME

Ne pas réussir à concrétiser ses occasions

« Dominer n'est pas gagner », répète-t-on souvent. Il est vrai qu'une équipe peut posséder outrageusement le ballon et avoir pléthore d'occasions, sans jamais parvenir à inscrire le moindre but, tandis que l'adversaire peut réussir, sur un coup de pied arrêté, sur un contre, sur un malentendu, à marquer un but (de raccroc parfois) et, finalement, à gagner le match. Le réalisme, c'est l'efficacité.

Manquer de réalisme devant le but, c'est ne pas parvenir à concrétiser ses actions, c'est tirer sur le gardien, c'est toucher le poteau, c'est rater le cadre, c'est manquer le but vide, c'est laisser des regrets qui peuvent finir par se payer cher et voir s'envoler le rêve, les illusions perdues, surtout pour les footballeurs ayant reçu une éducation sentimentale ; bref, c'est un vrai coup d'assommoir ! Le réalisme du football n'a cependant rien à voir avec le mouvement artistique qui, en littérature, traverse les œuvres de Balzac, Flaubert ou Zola (Émile, pas Gianfranco).

Ne pas être suffisamment obsédé par le but conduit à manquer de réalisme. *Car la seule réalité du foot, ce sont les filets qui tremblent. Les joueurs sont parfois enfermés dans des plans de jeu et en viennent presque à oublier le but. Peu importe où, peu importe quand, l'important c'est que ce soit dedans. Je me souviens d'un match de Châteauroux contre Marseille, lorsque les deux clubs évoluaient en deuxième division, avant lequel les Phocéens avaient chambré la Berrichonne : « Châteauroux, personne ne sait où c'est. » Châteauroux avait gagné 4-0. Hervé Brossard, patron de l'agence de publicité DDB, avait concocté pour le club une com' un brin ironique : « Châteauroux, c'est au fond des filets. »*

UN MARQUAGE À LA CULOTTE

Fait de rester au plus près d'un adversaire pour l'empêcher de jouer

C'est bien en short que jouent les footballeurs mais c'est bien à la *culotte* qu'ils peuvent être *marqués*. Si le football moderne privilégie la défense en zone plutôt que le marquage individuel, il arrive que dans certaines phases de jeu (coups de pied arrêtés notamment) un défenseur colle au plus près son adversaire afin de l'empêcher de jouer tout ballon qui passerait dans son périmètre. Ce marquage collé-serré (qui ressemble parfois à une danse lorsque les deux corps se déplacent ensemble, l'un pour échapper au marquage, l'autre pour y revenir) peut être tellement étroit qu'on parle alors de *marquage à la culotte*, cette dernière symbolisant la dernière pièce de vêtement au plus près du corps que l'on aurait le droit de toucher.

Il arrive que, par vice ou taquinerie, certains défenseurs aillent au-delà et, d'un geste rapide que les caméras peuvent parfois capter, tirent sur la culotte ou saisissent d'une main des parties du corps qu'au football aussi on appelle les *bijoux de famille*. Geste culotté s'il en est. Et précisons que, non, cette expression ne désigne pas un but marqué avec le pubis, même si les trajectoires hasardeuses des ballons peuvent tout à fait générer ce genre de geste.

L'expression avait déjà court avant que le football féminin ne se développe. Dans le marquage, la bonne distance est essentielle : ni trop loin, ni trop près. C'est comme dans la vie.

UN MARQUAGE INDIVIDUEL

Fait de défendre directement sur une personne plutôt qu'en fonction d'une zone prédéfinie du terrain

Le marquage est une action considérée comme défensive car souvent préventive, afin qu'une joueuse ou qu'un joueur n'obtienne pas le ballon ou, lorsqu'elle ou il l'a, pour l'empêcher de le transmettre ou de progresser avec. Mais parce que parfois la meilleure défense, c'est l'attaque, il arrive que des attaquants se prennent au jeu et viennent alors au marquage.

Le *marquage individuel* est défini comme une stratégie qui vise à assigner la garde d'un adversaire à chaque joueur de champ de son équipe. La surveillance se focalise sur l'individu plutôt que sur l'action potentielle du groupe dans une zone du terrain. À force d'être concentré sur une seule et même personne, ce surcroît d'attention peut générer quelques tensions ou frictions entre les deux joueurs ainsi liés. Les duels les plus en vue concernent les attaquants face aux défenseurs, mais les milieux de terrain entre eux ne sont pas en reste.

Quand le rapprochement pousse le marquage jusqu'à une extrême proximité, on emploie l'expression de *marquage à la culotte*.

Ringardisé par la défense de zone, le marquage individuel consistait à ne pas lâcher un joueur adverse pendant 90 minutes, voire pendant la pause. Comme le laissait entendre Guy Roux, il faut parfois savoir suivre son adversaire jusqu'aux toilettes. Il faut être motivé.

MARQUER DANS UN MOUCHOIR DE POCHE

Marquer un but malgré un espace réduit

La surface d'une cage de football est officiellement proche des 18 mètres carrés, ce qui donne aux attaquants de nombreuses possibilités pour marquer : dans la lucarne, sous la barre, plein axe, dans le soupirail... Mais parfois, les circonstances de jeu font que l'espace est réduit, en raison de la présence dans le champ de tir du gardien et de nombreux défenseurs. De plus, dans une zone densément occupée, l'attaquant peut manquer d'espace pour manœuvrer, se retourner, armer son tir. On dit alors, lorsqu'il parvient à glisser la balle dans l'un des rares petits espaces disponibles, qu'il a *marqué dans un mouchoir de poche* (ou *dans un trou de souris*).

La notion de mouchoir de poche est apparue au XVIIe siècle lorsqu'il a fallu distinguer le mouchoir plié et placé dans la poche du mouchoir ornemental attaché autour du cou ou de la tête. Il semblerait que l'idée de petitesse n'ait été associée qu'au XIXe siècle et, pendant longtemps, la locution a été utilisée en antiphrase, *grand comme un mouchoir de poche* renvoyant alors à quelque chose de taille réduite.

MARQUER DU POINTU

Marquer un but avec la pointe du pied

Même les plus grands attaquants de pointe le savent : le pointu est la partie la moins noble du pied. Constituée de la pointe de la chaussure, elle présente la particularité de rendre le ballon très difficilement contrôlable, contrairement à l'intérieur du pied, justement privilégié pour les contrôles. Avec un pointu, on ne peut faire qu'une chose : tirer droit devant, sans finesse, sans nuance. Certes avec pas mal de puissance, puisque l'impact de la pointe du pied sur le ballon peut donner à ce dernier une vitesse non négligeable, mais le point d'arrivée n'est pas garanti.

Le pointu peut générer des trajectoires très aléatoires ; ceci explique pourquoi personne ne tire de penalty du pointu. En revanche, dans certaines circonstances, il ne faut pas se poser de question : un bon pointu peut faire l'affaire et constitue la solution la plus simple pour tirer instantanément, sans se soucier des critiques à venir sur l'esthétique du geste. On ne tire aucune gloire à *marquer du pointu*, mais quand ça marche, ça compte tout autant : lorsqu'il qualifia le Brésil pour la finale de la Coupe du Monde 2002 en inscrivant le seul et unique but du match d'un pointu à la 49e minute de jeu, Ronaldo eut droit à tous les honneurs... et à un article dans le journal *Le Monde* intitulé « Le "pointu" de Ronaldo ravit » !

LE MERCATO

Le marché officiel des transferts de joueurs d'un club professionnel à un autre ; le moment où s'effectuent ces transactions

Mercato est un terme italien qui signifie « marché » en français. On parle aussi de *marché des transferts* car il concerne les mouvements de joueuses ou de joueurs qui changent de club professionnel. Cela concerne donc des principes d'achat et de vente, mais aussi des prêts. Dans ce dernier cas, comme pour un véhicule, il existe des contrats et des clauses avec option d'achat. La dimension financière est majeure, car des millions d'euros peuvent être en jeu, tant dans les primes à la signature que pour les salaires eux-mêmes.

Cette marchandisation du sport implique des individus parfois ballotés au gré de spéculations ou de malversations. Ainsi une réglementation stricte existe-t-elle, notamment sur les périodes de mercato. Peut-être avec une certaine ironie, on retrouve, comme pour les soldes, une période estivale (avant le début des championnats nationaux européens) et une période hivernale (pendant la trêve autour du changement d'année). Les personnes qui conseillent et accompagnent les joueurs ou les clubs s'appellent des *agents* – peut-être parce qu'ils opèrent souvent en secret.

METTRE DANS LE VENT

Dépasser un adversaire grâce à sa vitesse ou à sa maîtrise technique

Si la jeunesse yé-yé des années 1960 chantait sa modernité en étant dans le vent, l'être au football n'est pas très agréable. Tout du moins, ce n'est pas la posture recherchée. En revanche, *mettre dans le vent* rend compte d'une attaque spectaculaire, avec une accélération dévastatrice qui laisse son adversaire sur place, ou alors d'un geste technique remarquable, souvent inattendu et dont le génie laissera pantois son opposant.

Parmi les joueurs encore en activité avec les plus grandes pointes de vitesse, on pourrait nommer Cristiano Ronaldo ou Kylian Mbappé bien sûr. Notons d'ailleurs qu'ils sont aussi les plus adroits techniquement et les plus surprenants dans leurs gestes d'attaquant. Quand un joueur oublie de donner la balle à son coéquipier on peut dire qu'il *lui met un vent*, selon l'expression populaire, ou qu'il *le met en dedans* – mais il ne le met pas *dans le vent*.

METTRE DANS LE VENT

Le joueur qui met dans le vent *est un magicien qui fait disparaître l'adversaire par sa vitesse ou un geste imprévisible. Ceux qui ont vu jouer Kylian Mbappé comprendront. Ceux qui ont joué contre lui mettent du temps à s'en remettre.*

METTRE LE BUS DEVANT LE BUT

Jouer de manière exclusivement défensive

Les buts dans lesquels les footballeurs tentent de marquer sont de forme rectangulaire. Ils sont d'une largeur de 7,32 mètres et d'une hauteur de 2,44 mètres. Les cages peuvent ainsi rappeler la silhouette d'un autobus, même si les formats standards actuels pour ces véhicules oscillent plutôt entre 11 et 13 mètres. *Mettre le bus devant le but* évoque l'idée de bloquer toute possibilité de scorer et de jouer de manière presque exclusivement défensive.

Les bus sont également devenus célèbres comme moyens de transport des joueuses et des joueurs. De la locomotion jusqu'à la protestation, il n'y a parfois qu'un pas ou qu'un arrêt. Ainsi, une ville balnéaire d'Afrique du Sud est même devenue très célèbre en France, lors de la Coupe du monde 2010 avec la grève dite *du bus de Knysna* et le refus de joueurs français d'en descendre pour s'entraîner. Avec deux défaites pour un match nul, la France sera éliminée dès la phase de poule, n'appliquant pas la rigueur du bus devant le but pour surtout rester en dedans. ↘

METTRE LE BUS DEVANT LE BUT

Toute l'équipe fait bloc en défense. Tout est fait pour ne pas prendre de but. C'est une destruction du jeu, parfois payante mais le plus souvent très ennuyeuse. C'est la tactique des petites équipes contre les grosses. Mais certains grands clubs en ont fait une philosophie de jeu, comme l'Atlético de Madrid. Cela ne l'empêche pas de gagner. Et si l'adversaire jouait pareil, on n'aurait pas besoin de ballon.

UN MILIEU EN LOSANGE

Un positionnement de quatre joueurs comme milieux de terrain en forme de losange

Les différentes tactiques sur le positionnement des joueurs entre eux et sur le terrain conduisent souvent à des successions de chiffres. On parle alors de 4-3-3, de 4-4-2, de 3-5-2, etc. Les combinaisons sont multiples mais elles suivent généralement une règle de trois, en référence aux lignes de défense, du milieu et de l'attaque. C'est dans cet ordre que le 4-3-3 vaut pour 4 défenseurs, 3 milieux de terrain et 3 attaquants.

Le losange est une variante du 4-4-2, dans lequel les quatre milieux vont former ladite figure. Ainsi, plutôt que de voir alignés les quatre joueurs dans le sens de la largeur, on retrouve un milieu défensif et/ou récupérateur (pointe du bas), deux milieux relayeurs au centre répartis à gauche et à droite (comme pointes latérales), puis un milieu offensif central (pointe haute). Certains passionnés des chiffres ont d'ailleurs souhaité le distinguer numériquement du 4-4-2 classique et parler alors de 4-1-2-1-2... Si deux chiffres n'étaient pas répétés, on pourrait croire que l'on se rapproche d'un tirage au sort du loto...

Cette forme de losange a pu faire les beaux jours de grandes équipes et faire briller notamment celle du Real Madrid sous la direction de Zinédine Zidane. De la forme géométrique d'une pierre précieuse, les plus férus l'appellent aussi le *milieu en diamant*.

MOUILLER LE MAILLOT

Dépenser son énergie sans compter

Il y a deux catégories de supporters : ceux qui aiment, adorent, vénèrent, idolâtrent les joueurs au point d'en accrocher des posters dans leur chambre (ou, de nos jours, de les afficher sur leur fond d'écran de téléphone) et de les suivre tout au long de leur carrière, en achetant les maillots des clubs successifs dans lesquels ils évoluent. Et puis il y a ceux qui ne jurent que par le club, le club avant tout. Passent les années, les joueurs, les entraîneurs, mais le club, « l'institution », reste au premier plan. C'est pourquoi l'amour du maillot est si important et prime sur les individualités.

D'ailleurs, à l'image des blasons médiévaux chargés de symboles, les maillots sont chargés d'histoire et d'affect. Les joueurs sont censés porter et défendre les couleurs : « bleu et blanc », « sang et or », « rossoneri » (« rouges et noirs » en italien)... Du coup, quand l'équipe n'en fait pas assez, quand elle est débordée, impuissante et quand, aux yeux des supporters, les joueurs ne s'investissent pas suffisamment, ce chant très cruel et sans ambiguïté est entonné : « Mouille le maillot ou casse-toi ! » Autrement dit : « Donne tout ce que tu as sans compter pour nos couleurs, sinon tu ne mérites pas de les porter. » Drôle d'ambiance – et ce n'est pas un concours de tee-shirts mouillés.

Arnold Sowinski, entraîneur mythique du RC Lens dans les années 1970, était parfois emporté par l'émotion. Pendant une causerie, il interpelle Daniel Leclercq, qui ne courait pas assez à son goût : « Allez Daniel, il faut mailler le mouillot ! » Le joueur n'a rien compris.

MYSTIFIER

Effectuer un geste qui déroute et surprend l'adversaire, le laissant sur place

Pour *Le Petit Robert*, *mystifier* signifie « tromper (quelqu'un) en abusant de sa crédulité et pour s'amuser à ses dépens ». Ce dictionnaire propose comme synonymes : *abuser*, *duper*, *leurrer*. Au football, la notion de leurre provient généralement d'un geste technique ou d'une prouesse physique qui permet de se débarrasser de son adversaire. À cela s'ajoute le dénuement de ce dernier, voire la stupéfaction, qui laisse comme pétrifié, dépité, celui qui vient de se faire ainsi éliminer.

Certains buts sur des frappes puissantes ou des actions rapides *mystifient* les gardiens. Parmi les plus grands magiciens du ballon rond, citons notamment l'Ivoirien Didier Drogba et le Camerounais Samuel Eto'o. Mais, dans le jeu lui-même, sur un dribble ou une accélération, la *mystification* peut aussi se produire. Nul n'est à l'abri d'un tel coup d'éclat.

NE PAS FAIRE DE LA DENTELLE

Pratiquer un football peu esthétique

Le beau jeu, les beaux gestes, les beaux buts, tout le monde aime ça : spectateurs, supporters, entraîneurs, joueurs, programmeurs télé... Mais le football n'est pas - et ne peut pas - toujours être beau. Cela peut tenir au niveau des équipes, à la qualité du terrain, aux conditions climatiques ou aux circonstances.

Menée au score en fin de match, une équipe doit porter au plus vite le danger dans la surface adverse et pour cela « balance » le ballon en l'air, en espérant obtenir un sort heureux, sans aucun effort de construction. Inversement, une équipe qui mène fait parfois tout pour maintenir le score en l'état en ne prenant aucun risque : dégagement à l'emporte-pièce, ballon dégagé en touche ou loin devant, pas de jeu de passes... Dans les deux cas, elles *ne font pas de la dentelle*, autrement dit elles ne soignent pas le détail, la qualité, l'harmonie, la précision, comme l'évoque l'image de la dentelle et l'expression populaire *ne pas faire dans la dentelle*.

Un défenseur rugueux qui tape les chevilles de son adversaire plutôt que le ballon *ne fait pas de dentelle* non plus. Au contraire, *faire de la dentelle*, c'est pratiquer un football esthétique, un jeu léché, au point (de croix ?).

NETTOYER UN BALLON

Maîtriser un ballon afin de le rendre jouable

S'il arrive qu'un joueur essuie un ballon avec son propre maillot (avant d'effectuer une touche par exemple), *nettoyer un ballon* n'a rien d'un geste d'entretien. Il s'agit d'une métaphore qui explique le travail réalisé par un joueur pour rendre jouable un ballon difficile ou capricieux. Explications : certaines situations confuses, certains cafouillages voient le ballon rebondir d'une tête à l'autre, d'une jambe à l'autre, sans qu'aucune des équipes ne puisse s'en emparer ; d'autres ballons traînent dangereusement dans la surface de réparation, offrant de belles opportunités à l'adversaire de marquer.

Nettoyer un ballon consiste alors à s'en emparer, à le sortir de la zone dangereuse et à aller de l'avant en offrant des possibilités à ses partenaires. Cette tâche est souvent effectuée par les milieux récupérateurs dont les qualités techniques permettent, dans les situations difficiles, de soulager la défense et de ressortir des ballons « propres ». On pourrait même dire que c'est… le propre de leur travail.

Sortir le ballon d'une situation périlleuse requiert une grande propreté dans le geste. Les milieux de terrain sont souvent très bons dans cette catégorie, à l'image de l'excellent Didier Deschamps, de Marco Verratti (sans carton) ou de Zinédine Zidane. Monsieur Propre. Les défenseurs se doivent également de l'être, presque par définition. Parole d'expert de l'immense Paolo Maldini : « Si je suis obligé de tacler, c'est que j'ai commis une erreur. »

UNE OLA

Un mouvement de foule spectaculaire et festif

Parmi les grandes manifestations collectives durant un match de football, la ola est sans doute l'une des plus spectaculaires. Elle est le fruit d'un mouvement de foule bien précis qui implique la participation de l'ensemble des spectateurs d'une enceinte sportive. Après une impulsion initiale, à tour de rôle, chaque spectateur, chaque spectatrice se lève, les bras en l'air, en criant « ola ! » ou « olé ! », et se rassoit immédiatement, aussitôt imité par sa plus proche voisine ou son plus proche voisin. Cette chorégraphie de gens qui se lèvent et se rassoient donne un effet d'ondulation qui parcourt les tribunes en allant jusqu'à faire un, deux, trois tours de stade, ou plus dans les grandes occasions. Les spectateurs passifs qui, par leur inaction, interrompent la course d'une ola sont hués par le reste du public.

S'il est difficile de savoir à quand remonte la première ola, il est évident que c'est lors de la Coupe du monde de 1986, au Mexique, que le phénomène a pris une dimension mondiale (on parle de *Mexican wave* en anglais britannique) pour déborder au-delà du football (dans les concerts par exemple). Le nom *ola* en espagnol signifie d'ailleurs « vague ».

LE ONZE TRICOLORE

Surnom de l'équipe de France de football

De nombreux dictionnaires définissent *onze* comme « nombre correspondant à 10 + 1 ». En transposant cela au football, on retrouve bien les 10 joueurs dits *de champ* et le gardien de but avec sa particularité de pouvoir tenir la balle avec les mains dans sa surface de réparation. *Onze* est ainsi passé de la classe d'adjectif numéral à celui de nom masculin invariable comme dans *onze tricolore*. Le chauvinisme français en sport fait que l'adjectif *tricolore* nous laisse penser au bleu-blanc-rouge, qui lui-même nous donne à voir la nationalité française avec cette caractéristique tirée du drapeau. De nombreux pays ont trois couleurs sur leur étendard, et parfois ce sont les trois mêmes que la France (mais dans un ordre ou une disposition différente). L'équipe de France de football joue souvent avec le bleu, le blanc et le rouge en gardant le maillot en bleu ou blanc comme couleurs principales.

Ce surnom ne rend pas hommage aux remplaçants qui ne font pas partie du compte, mais l'essentiel reste l'identification des acteurs de terrain et du sport visé, le football. Dans les autres sports, on parle de *cinq de départ* pour le basket en général ou encore du *quinze tricolore* pour évoquer l'équipe de France, mais de rugby cette fois.

UNE PANENKA

Un penalty inscrit d'une frappe lente et au centre

Peu de personnes connaissent LE Panenka, Antonín de son prénom, né en 1948 à Prague et joueur « tchécoslovaque » (tchèque aujourd'hui). Mais tout le monde connaît *LA panenka*, qui est sans doute le geste le plus « gonflé » de la panoplie du footballeur.

En finale du championnat d'Europe 1976, lors de la séance des tirs aux buts entre la Tchécoslovaquie et la RFA, Antonín Panenka, ultime tireur de la série, décide de réaliser un geste qu'il a déjà tenté et réussi plusieurs fois à l'entraînement ou en championnat avec son club des Bohemians de Prague. C'est donc le 20 juin 1976, au stade Marakana de l'Étoile rouge de Belgrade, que le monde découvre pour la première fois ce geste étonnant : au lieu de placer le ballon à gauche, à droite ou en force sous la barre, Panenka, dont la course d'élan commence au-delà de la surface de réparation, frappe le ballon plein centre pendant que le gardien allemand Sepp Maier, qui a plongé sur sa gauche, ne peut que regarder le ballon filer mollement au fond des filets.

La panenka est des plus risquées car il s'agit de miser sur l'anticipation du gardien et de frapper le ballon d'une légère « pichenette » de telle façon qu'il aille doucement au centre du but. La *panenka* est donc, bien avant la *madjer*, l'antonomase la plus célèbre du langage du football.

Sur le chemin qui mène du rond central au point de penalty, la pression est à son comble. Mais aucun tireur n'aborde ce moment de la même manière. Certains m'ont avoué être tétanisés. D'autres cherchent à penser à ce qu'il y a de plus important que le football dans leur vie, histoire de dédramatiser.
Antonín Panenka avait fait ce geste 1 000 fois à l'entraînement. Mais le faire contre la RFA pour le dernier tir au but de la finale de Coupe d'Europe des nations, qu'il atteint en 1976 avec la Tchécoslovaquie, ce serait de la folie. Quand vient son tour, son coéquipier et capitaine Anton Ondruš l'apostrophe : « Tu ne fais pas le con comme à l'entraînement ! » On connaît la suite. Sepp Maier, le plus grand gardien du moment, est humilié par une frappe lente piquée au centre du but. C'est au-delà de l'audace. Il faut être complètement dingue.
Les exemples récents restent tout aussi marquants : Zidane contre l'Italie lors de la triste finale de Coupe du monde en 2006, Benzema en demi-finale de Ligue des champions en 2022 contre Manchester City. Ils rendent un bel hommage à Panenka, toujours passionné de ballon rond et qui coule aujourd'hui une retraite paisible à Prague.

UNE PAPINADE

Un but marqué en reprise de volée, à la façon de Jean-Pierre Papin

Une poignée de joueurs seulement ont leur nom associé à un style de but : il y a la *panenka*, la *madjer*, le verbe *zlataner*, parfois le but *à la Cruyff*, et puis il y a la *papinade*. À son arrivée à l'Olympique de Marseille en 1986, Jean-Pierre Papin était considéré comme un joueur assez maladroit, vendangeant souvent des occasions de but, ce qui lui valut le méchant surnom de « JPP » pour « j'en peux plus ». Mais à force d'entraînements intenses bien au-delà des séances officielles, il devint rapidement un redoutable buteur, capable de marquer dans toutes les situations et avec toutes les surfaces du corps ; excellent de la tête, bon du droit, magnifique à la bicyclette, Papin s'était fait une spécialité : la reprise de volée croisée du droit.

C'est au lendemain d'un match contre Niort, le 6 mai 1988, que le journaliste du *Provençal* Alain Pécheral inventa le terme de *papinade*, défini par ses soins comme « une reprise de volée spectaculaire, parfaite, mais déclenchée hors de toute raison ». Lyrique et enthousiaste, il écrivait aussi : « La papinade ne s'explique pas, ne se programme pas, ne s'enseigne pas. Elle tient au bonhomme, à ses neurones, à cette étonnante relation affective avec le ballon qui permet au joueur de jauger, tel un ordinateur, la trajectoire, la vitesse, le "poids" de l'objet, et de traduire instantanément l'angle de frappe et le dosage de celle-ci. » Un hommage magnifique qui donne envie de crier : « Reviens, JPP, reviens ! »

Voir attribuer son nom à un geste est une reconnaissance éternelle. C'est mieux qu'une ligne dans un palmarès. Papin a rejoint Madjer et Panenka dans un panthéon qui mériterait de figurer dans les dictionnaires Le Robert.

UNE PARADE

Un arrêt décisif du gardien de but

Certains tirs sont imparables et le gardien, impuissant, ne peut que regarder le ballon entrer au fond de ses filets. Pourtant, parfois, il réussit la *parade*, autrement dit l'arrêt décisif qui annihile les velléités offensives ; tel un guerrier qui pare l'attaque de son ennemi, le gardien pare le coup qui allait faire vaciller son équipe. La référence guerrière n'est pas gratuite car le nom *parade*, dérivé du verbe *parer* lui-même emprunté au XVe siècle à l'italien *parare*, est d'abord associé à l'escrime, puis va s'étendre à d'autres sports. Dans la bouche des commentateurs sportifs, la parade est toujours teintée d'admiration : « Oh la parade ! », « Quelle parade ! »

La finale 2022 de la Ligue des champions a été illuminée par les brillantes parades du grand gardien belge du Real Madrid, Thibaut Courtois. Souvent condamnés à un rôle ingrat, les gardiennes et les gardiens de but peuvent parfois chanter la « parade » des gens heureux.

Un bon arrêt, spectaculaire ou non, est aussi décisif qu'un but marqué. Il faut savoir apprécier les belles parades, comme celles de Thibaut Courtois ou Manuel Neuer, qu'elles soient à bout portant ou à l'horizontale en extension – du genre qui finissent en poster dans la chambre des jeunes fans.

UNE PARTIE DE BILLARD

Une séquence de jeu au cours de laquelle le ballon heurte plusieurs joueurs de manière incontrôlée

Certaines séquences de jeu sont remarquables par leur finesse d'exécution, qu'il s'agisse d'une belle combinaison ou d'un tir limpide. D'autres sont autrement plus confuses, comme ces situations dans lesquelles le ballon semble échapper à tout contrôle, heurtant tour à tour la jambe d'un joueur, le dos d'un autre, le talon d'un troisième, sans que personne ne puisse parvenir à le maîtriser : on n'est pas loin du *hourra football*.

Lorsque le ballon devient ainsi incontrôlable et rebondit sur plusieurs joueurs, on évoque alors une *partie de billard*, en référence à cet autre jeu dans lequel les boules sont propulsées de manière consciente et contrôlée sur d'autres, afin de les faire tomber dans les trous. On ne confondra pas le *soccer* avec le *snooker* (variante du billard).

Lorsque le ballon ricoche dans tous les coins de la surface avant de rentrer dans le but, on parle aussi bien de billard *que de* flipper. *C'est la balle dont on ne maîtrise pas la trajectoire et qui arrive au bon endroit par hasard. La théorie du chaos.*

UNE PASSE À DIX

Une circulation de la balle sans que l'équipe adverse ne puisse s'en emparer

Parfois, une équipe décide de *faire tourner le ballon*, autrement dit d'enchaîner les passes sans volonté d'aller marquer, sans ambition offensive. Il s'agit de priver l'adversaire de la balle et, ce faisant, de laisser passer du temps, de faire défiler le chrono : cette façon de jouer est généralement pratiquée par une équipe qui mène au score et qui, en assurant des passes simples, ne court pas le risque d'être contrée. En outre, l'enchaînement de passes entre les dix joueurs de champ (mais on pourrait ajouter le onzième, le gardien) possède un côté humiliant : confisquer la balle à l'adversaire, c'est un peu le considérer comme un enfant que l'on prive de ballon comme on le priverait de dessert.

Cette attitude méprisante peut être renforcée par l'attitude du public qui peut ponctuer chaque passe d'un « olé ! » rappelant le jeu de muleta du torero qui esquive le taureau. Au bout d'un moment, agacés par la passe à dix et réduits à l'impuissance, les adversaires peuvent décider que le meilleur moyen d'arrêter l'humiliation est de réaliser une faute. Faire perdre ses nerfs à l'adversaire est aussi l'un des buts de la passe à dix.

UNE PASSE TÉLÉPHONÉE

Une passe prévisible, facilement interceptée par l'adversaire

Cette expression date de l'époque des téléphones filaires mais fonctionne encore très bien. Pour passer l'adversaire, surtout en phase offensive, il faut faire des mouvements qui permettent de tromper sa vigilance et de percer les lignes. Cependant, il arrive que le mouvement soit prévisible, que l'appel de balle de l'attaquant soit exactement celui qui avait été imaginé par le défenseur ou le gardien de but, qui peut alors intercepter facilement le ballon. On parle dans ces cas-là d'une *passe téléphonée* ou on dit simplement *c'était téléphoné*. Comme si le passeur avait au préalable appelé les défenseurs pour les prévenir de l'endroit où il allait envoyer le ballon. Rien à voir avec l'expression *raccrocher les crampons*.

Retenons, avec une touche un peu rock, que la passe téléphonée ne vient pas d'un autre monde, qu'elle n'a pas la vitesse d'une bombe (humaine) et qu'elle semble connue d'avance, comme le conte de *Cendrillon*.

UNE PASSE TÉLÉPHONÉE

Si la passe est trop évidente, l'adversaire la décrypte facilement. Si elle est trop absurde, il n'y aura personne pour récupérer le ballon. Il faut une grande finesse pour savoir se rendre prévisible de ses coéquipiers et imprévisible de ses adversaires. Andrés Iniesta est assurément le maître de cet art.

UNE PASSE TRANSVERSALE

Une passe longue et haute qui traverse le terrain en largeur

La gamme des passes est riche : passe courte, passe longue, passe en retrait, passe lobée, passe aveugle... Parmi celles-ci, la passe transversale est l'une des plus difficiles à réaliser : il s'agit de trouver un partenaire éloigné, positionné de l'autre côté de l'aire de jeu puisque le ballon traverse le terrain en largeur. La transversale doit être suffisamment haute pour survoler les adversaires sans que ceux-ci ne puissent intercepter le ballon (et sans que le vent ne dévie trop la trajectoire) et suffisamment précise pour atterrir sur l'équipier.

Vision du jeu, précision, puissance, sens du dosage : autant de qualités requises pour obtenir une bonne transversale qui permette de renverser le jeu ou de prendre à revers une défense. Cette *transversale*-là n'a aucun rapport avec la barre qui porte le même nom et qui constitue la partie haute de la cage. ↘

UNE PASSE TRANSVERSALE

Les passes transversales peuvent
être de vrais chefs-d'œuvre.
Elles permettent de renverser le jeu
et de déstabiliser l'équipe adverse.
La précision de la transversale
et le contrôle de celui qui
la reçoit sont des gestes admirables.
Luka Modrić est le modèle
déposé – déposé sur le pied.

PÉCHER DANS LE DERNIER GESTE

Rater une occasion de marquer un but

Dans les religions monothéistes, le verbe *pécher* s'entend pour « commettre une faute » et des listes de *péchés capitaux* sont parfois dressées. Au football, le verbe *pécher* est associé au *dernier geste* et fait référence à l'objectif ultime, qui est celui de marquer un but. Ainsi, *pécher dans le dernier geste* revient à rappeler l'échec de concrétisation d'un but, surtout de la part d'un attaquant, dont on pointe la culpabilité. En effet ce dernier, parfois appelé *buteur*, occupe un poste de prédilection dont le devoir, presque moral, est de marquer des buts.

L'expression peut évoquer dans certains cas le pêché d'orgueil, lorsque ce n'est pas la récurrence de ratés qui est soulignée mais qu'il s'agit plutôt de la mise en avant d'un but raté qui semblait facile. L'échec du joueur est alors associé à une attitude désinvolte ou prétentieuse, et il est accusé d'être impardonnable.

Au final, *pécher dans le dernier geste*, c'est échouer à envoyer le gardien adverse à la pêche (pour chercher justement le ballon au fond de ses propres filets).

UN PENALTY

Une pénalité sanctionnant une faute grave commise dans la surface de réparation de son propre camp : un coup de pied tiré directement au but, à 11 mètres de distance, seul face au gardien

Le penalty est emblématique du football. Il représente le duel cristallisé sur une phase, balle arrêtée, entre le gardien et un joueur adverse. Face à un gardien sur sa ligne et après une course sans interruption, le frappeur doit nicher directement la balle dans le but, 11 mètres devant, sans faire de passe. Le reste des joueurs des deux équipes ne peut intervenir et n'a pas le droit de pénétrer dans la surface de réparation tant que le ballon n'a pas été touché.

On entend parfois l'expression *coup de pied de réparation*, sans doute pour éviter l'emprunt à l'anglais. Elle renvoie aussi à l'idée de compensation, lorsqu'une faute est sifflée dans la surface de *réparation*. La langue française n'a pas traduit l'anglais *penalty* en *pénalité* comme au rugby. Précisons aussi que le *penalty* est masculin, contrairement à la faute qui est à l'origine de sa réalisation.

Alors que la technologie est de plus en plus présente dans le football professionnel, avec la fameuse VAR ou assistance arbitrale vidéo, le penalty reste un objet de polémique. On l'accorde au propre comme au figuré avec des qualificatifs tels que *généreux*, *mérité* ou encore *provoqué*. Si l'impartialité des arbitres est une règle, celle des passionnés peut parfois se discuter.

Dans ce duel d'escrimeurs, il n'y a qu'une seule épée et la psychologie est la clé. Tout le monde retient son souffle. Le gardien essaie parfois d'intimider le tireur. Ce dernier regardera-t-il l'endroit où il va tirer ? Le plus souvent, oui. Un mélange d'intox réciproque s'installe, alors que le stade est une cocotte-minute. Aujourd'hui, les gardiens professionnels regardent des vidéos des tireurs et les staffs ont des statistiques pour choisir le côté vers lequel il faut plonger. Le tireur est condamné à marquer et le gardien a peu de chance de s'en sortir, même si certains goals fantastiques sont spécialistes de l'exercice (comme Manuel Neuer, Lev Yachine ou Gianluigi Buffon). La technique la plus efficace, à mon avis – celle de Cristiano Ronaldo, de Francesco Totti ou Frank Lampard –, est le tir puissant au ras du poteau. Plus facile à dire qu'à faire. Certains s'arrêtent pendant leur course d'élan, comme Neymar. D'autres font un saut de cabri, comme Bruno Fernandes. Autant de techniques pour tromper le sort.

LE PETIT POUCET

Surnom donné à l'équipe de la plus petite division encore engagée en Coupe de France ou à l'équipe au plus petit budget de Ligue 1

Le journalisme consiste à rapporter des faits mais aussi à raconter des histoires. Nos histoires de tous les jours peuvent aussi se teinter de souvenirs mêlés à l'enfance et à d'autres histoires. Quoi de mieux alors que des références à des contes populaires ? Dès les années 1950, l'expression de *petit poucet* aurait été utilisée dans la presse pour évoquer une équipe de taille plus petite que les autres. Justement, le critère de la taille se joue en fonction de la catégorie.

En France, on distingue la Coupe de France du Championnat de France, mais chacun peut avoir son *petit poucet*. Pour la Coupe, ce sera l'équipe issue de la plus petite division encore engagée dans la compétition. En 2000, l'équipe des joueurs amateurs de Calais ira même jusqu'en finale. Et du côté du Championnat (de la Ligue 1), c'est la logique économique qui l'emporte (comme avec les galets). On fait référence au *petit poucet* pour l'équipe au plus petit budget. Pour la saison 2021/2022, il s'agit du Clermont Foot 63 – avec 20 millions d'euros tout de même.

Expression le plus souvent associée à la Coupe de France, compétition ouverte aussi bien à Lyon et Marseille qu'à l'équipe de mon village, Saint-Genou (ça ne s'invente pas). Le petit poucet *arrive parfois très loin, mais finit souvent par être mangé par l'ogre. Le meilleur exemple de ces dernières années est probablement le club de National 2 Les Herbiers (Vendée), qui a atteint la finale de la Coupe avant de s'incliner.*

UN PLAT DU PIED

Une frappe de la balle avec l'intérieur du pied

Certains spécialistes pensent que la popularité du football tient à son côté théâtral et aléatoire. Ce dernier point est particulièrement lié à la faible précision et au manque d'agilité du pied (par rapport à la main). Même si certains joueurs ont montré une grande précision dans leur frappe ou leur passe, de manière générale, on vise mieux avec une main qu'avec un pied.

Le plat du pied est cependant censé être la zone la plus fiable de cette partie du corps. On entend parfois le dicton « plat du pied, sécurité », comme le souligne Michel Denisot. Au-delà de la rime, la zone intérieure du pied offre le plus de garanties - mais pas le succès assuré non plus. Attention, les *pieds plats* n'ont rien à voir avec les *plats du pied* ! D'ailleurs, les crampons donnent aux voûtes plantaires les plus lisses le piquant nécessaire pour accrocher la pelouse.

« Plat du pied, sécurité. »
Voilà un mantra d'entraîneur qui n'a pas pris une ride. C'est l'assurance d'un tir cadré et placé. L'inverse de la panenka ou du pointu en puissance. Quand on veut gagner, mieux vaut viser la sécurité.

UN PORTIER

Autre nom du gardien de but, unique joueur autorisé à prendre le ballon de la main à l'intérieur de sa surface de réparation

Le football se joue à onze mais s'il y a un joueur à part dans ce sport collectif, c'est bien le gardien de but. Le nom *gardien* renvoie à sa fonction de protection et de défense du but devant lequel il peut faire usage de tout son corps, et plus particulièrement des mains (tant qu'il reste à l'intérieur de sa surface de réparation).

Le *portier* est celui qui garde une porte, qui surveille les entrées et les sorties. En l'occurrence, il s'opposera à toute entrée (même si la balle vient d'un coéquipier car la sanction sera la même). Dans les grands hôtels, parmi le personnel d'accueil, on retrouve la fonction de portier qui devient bagagiste afin d'aider les visiteurs chargés. Au football, quand une équipe encaisse de nombreux buts, on peut dire qu'elle *se prend une valise*, mais ce n'est pas systématiquement la faute de son portier.

Si le mot *portier* a une connotation quelque peu triviale, les grands portiers sont néanmoins des joueurs exceptionnels, comme le Camerounais Thomas N'Kono (qui inspira la future carrière d'un autre grand, l'Italien Gianluigi Buffon) ou le fantasque Paraguayen José Luis Chilavert.

Expression qui sied assez mal au gardien de but. Le portier ouvre la porte alors que le gardien doit la fermer.

UN POTEAU RENTRANT

Un ballon qui heurte le poteau avant d'entrer dans le but

L'anecdote des poteaux carrés a marqué à jamais l'histoire du football français : et si les poteaux n'avaient pas été carrés, que se serait-il passé ? Le ballon serait-il entré ? La forme actuelle des montants des buts, arrondie, fait en sorte que le ballon soit dévié à l'intérieur des cages, et non repoussé, pour peu que la trajectoire du tir et l'angle selon lequel le ballon heurte le poteau permettent cette issue favorable. On parlera alors de *poteau rentrant*, bien que le poteau en lui-même ne bouge pas. C'est évidemment le ballon qui, touchant le poteau, entre dans le but.

Heurter ou frapper un poteau est toujours synonyme de malchance ; aussi, un poteau rentrant sera au contraire vu comme un coup du sort ou un signe bénéfique du destin. Lionel Messi a touché 11 fois le poteau en Ligue 1 lors de la saison 2021-2022, ce qui en fait le record pour cette compétition ; néanmoins, il a fait beaucoup « mieux » en Liga lors des saisons 2011-2012 et 2017-2018 avec 14 tirs sur les montants. Ces poteaux non-rentrants n'ont rien enlevé aux montants faramineux de ses revenus, qui constituent beaucoup d'argent... rentrant.

Bien sûr, c'est une question d'angle du ballon. Mais comme je suis un peu superstitieux, j'ai toujours pensé que le poteau rentrant était le reflet de l'état d'esprit combatif d'une équipe. De même, le poteau sortant traduirait un manque de détermination. Quand ça veut pas...

LES POTEAUX CARRÉS

La forme désuète des montants carrés (à angles droits) du cadre d'un but ; symbole de la défaite légendaire de l'AS Saint-Étienne (en finale de Coupe d'Europe 1976)

Les fameux *poteaux carrés* ! Les *maudits poteaux carrés*, diront d'autres. En tout cas, les trois montants de chaque but dans ce cas prenaient la forme de poutres rectangulaires. Au milieu des années 1970, la rondeur de ces tiges était devenue la norme qui allait s'imposer. Mais à Glasgow, en 1976, les Écossais organisateurs de la finale de la célèbre Coupe d'Europe des clubs ne l'avaient pas encore suivie. L'équipe des Verts allait perdre contre celle du Bayern et la défaite des Stéphanois se cristalliser dans l'injustice d'une telle forme des poteaux.

D'ailleurs, pour commémorer cette défaite, en 2006, le magazine *So Foot* sollicita le laboratoire Mecalog afin de mener une étude balistique sur l'impact de la forme concernant deux ballons français échoués sur les fameux montants carrés... et cette étude scientifique conclut au but, rajoutant encore plus d'amertume à ce douloureux souvenir.

Si l'expression a consacré les poteaux, la transversale était elle aussi carrée. C'est d'ailleurs elle qui fut touchée à deux reprises (par Bathenay puis Santini) et non les poteaux qu'on a rendus si célèbres.

Les poteaux rentrants sont rares lorsque les montants sont carrés. Saint-Étienne l'a appris amèrement en finale de Coupe d'Europe à Glasgow en 1976. Aujourd'hui, c'est devenu un synonyme d'absence de chance, même si l'expression semble de moins en moins utilisée. Cela nous apparaît comme une anomalie de l'histoire du foot. Les poteaux carrés de 1976 sont aujourd'hui visibles au musée des Verts du stade Geoffroy Guichard. Dans la légende.

UNE POUSSETTE

Un geste qui consiste à pousser un autre joueur pour lui faire perdre l'équilibre

Le mot *poussette* est un dérivé du verbe *pousser* construit avec le suffixe *-ette* qui sert à préciser la petitesse d'une chose. Une *poussette* est donc une « petite poussée », généralement pratiquée avec une ou deux mains dans le dos d'une ou d'un adversaire, afin de la ou le déséquilibrer pendant sa course ou de l'empêcher de jouer correctement un ballon à la réception d'un coup de pied arrêté. La poussette se pratique souvent dans la surface de réparation, à l'attente d'un corner ou d'un coup franc, et peut être volontiers amplifiée par la victime dès lors qu'elle sent le contact des mains dans son dos.

On ne confondra pas la *poussette* du football avec le même mot employé dans un autre jargon sportif, celui du cyclisme, dans lequel la *poussette* désigne le coup de pouce (ou plutôt de main) illicite qui consiste à pousser un coureur dans une montée difficile.

« QUAND LES MOUETTES SUIVENT LE CHALUTIER... »

Expression énigmatique, prononcée par Éric Cantona, qui renvoie à l'absurde ou à la critique des médias

En 1995, alors joueur vedette du club anglais de Manchester United, Éric Cantona répond aux insultes d'un supporter adverse par un violent coup de pied. Il sera exclu de longs mois des terrains et passera au tribunal pour son geste (condamné à deux semaines de prison ferme en première instance, révisé en 120 heures de travaux d'intérêt général en appel). C'est lors de la conférence de presse qui suit son premier jugement qu'il prononce cette phrase désormais célèbre : « Quand les mouettes suivent le chalutier, c'est parce qu'elles pensent que des sardines seront jetées à la mer. » La version originale est d'ailleurs prononcé en anglais et avec l'accent marseillais (« *When the seagulls follow the trawler, it is because they think sardines will be thrown into the sea* »).

Cantona lui-même a laissé planer un doute sur la signification de ses mots en paraphrasant le fait de « parler pour parler ». Mais il n'en reste pas moins que cette phrase s'adressait aussi et peut-être surtout aux journalistes, avec qui il avait une relation houleuse. Il leur reprochait ainsi d'être à la recherche d'éléments à commenter tout en gardant son caractère fantasque et imprévisible. ↘

« QUAND LES MOUETTES SUIVENT LE CHALUTIER... »

Le poète-footballeur Éric Cantona a souvent été à contre-courant. Jamais vraiment dans le moule, il chérissait son indépendance dans un milieu qui n'en accorde que peu. Je me souviens encore d'un match France-Angleterre espoirs à Londres en 1988, au stade de Highbury, ancienne enceinte d'Arsenal. Dans le couloir qui mène au stade, je suis passé entre Éric Cantona et Paul Gascoigne qui se faisaient face. J'ai ressenti immédiatement les ondes de deux futures légendes – bien que très jeunes !

RACCROCHER LES CRAMPONS

Prendre sa retraite de joueur professionnel

Les crampons sous les chaussures permettent aux joueuses et aux joueurs d'être stables sur le terrain et de pouvoir s'y déplacer avec aisance, grâce à des adaptations nécessaires en fonction des conditions : terrain sec, gras, gorgé d'eau... Entre *crampons moulés* ou *vissés*, avec des longueurs réglementaires à respecter, les joueurs doivent choisir leur équipement. Mais un jour arrive le dernier match, le dernier coup de sifflet final, le dernier moment où, dans les vestiaires, le joueur enlève sa tenue, prend sa douche et remet ses habits ordinaires. À un moment donné, dans certains vestiaires, il suspend sa paire de chaussures à un crochet sur le mur ; ce geste, lorsqu'il est considéré comme ultime, est devenu au sens figuré le synonyme de fin de carrière.

Même si les joueurs continuent de jouer entre amis ou dans des matchs de gala, le dernier match officiel est celui où l'on *raccroche les crampons*.

UN RÂTEAU

Un geste technique de conservation puis d'accélération de la balle au pied, en utilisant la semelle de la chaussure

Si on parle parfois de *jardin* en référence à l'enceinte d'accueil, au stade d'une équipe et, par métonymie, à sa pelouse (Bollaert est le jardin du RC Lens...), le *râteau* est au football un outil technique bien utile, indépendamment de l'usage que peuvent en faire les jardiniers de plus en plus importants dans les stades modernes.

Il s'agit d'un geste rare, employé afin de conserver le ballon et de semer la confusion chez son adversaire direct. *Faire un râteau* consiste à pousser une première fois la balle devant soi, presque vers l'adversaire qui peut ainsi espérer la récupérer. Le geste est exécuté avec une partie du pied inhabituelle : la semelle. Puis, le ballon est ramené au point initial et accéléré par une autre touche, généralement dans une direction différente. Plusieurs « griffures » de la balle peuvent ainsi se réaliser à la suite dans un même râteau. La dynamique de cet enchaînement difficile à produire permet souvent de relancer le jeu. À ne pas confondre avec le fait de *râtisser* des ballons, activité favorite des récupérateurs.

Dans la vie amoureuse, l'expression populaire *se prendre un râteau* n'est pas synonyme de réussite ; elle signale un rejet et la peine qui en découle. Au football, cette griffe des crampons sur la surface du ballon rappelle bien celle de l'outil de jardinage sur le sol et peut évoquer le râteau symbolique de l'amoureuse ou de l'amoureux éconduit...

Je dis souvent aux jeunes joueurs que la recette du but c'est « râteau, petit pont, ficelle (une feinte, un dribble et un tir) ». Le râteau footballistique permet de racler une bande large de pelouse. C'est une technique de joueurs plutôt lents. Marco Verratti ou Claude Makélélé sont, par exemple, d'excellents jardiniers.

UNE **RELÉGATION**

Déclassement d'une équipe à la suite de mauvais résultats sur l'ensemble d'un championnat, ou comme sanction lorsqu'elle a commis une infraction grave

Le classement peut être une obsession quand, sur la durée, à travers un championnat en particulier, chaque victoire (ou match nul) rapporte des points. Le cumul de ces points donne un classement qui d'un côté sacre une équipe championne, mais de l'autre peut éliminer (une ou plusieurs équipes) selon la formule retenue. D'après une vision hiérarchisée et verticale du succès, l'élimination est synonyme de descente et on parle alors de *relégation*.

En droit, elle correspond à une peine d'exil. L'éloignement de l'élite ou de la division alors fréquentée matérialise la sentence pour mauvais résultats. D'ailleurs, les relégations comme rétrogradations peuvent intervenir aussi pour raisons administratives (triches ou fraudes financières en particulier). Plus cette infraction sera grande et plus la chute sera rude. La descente peut alors atteindre plusieurs catégories ou divisions lorsque la gravité est importante. Lors de la saison 2022-2023, deux grands clubs historiques du football français ne feront plus partie de l'élite. Ainsi, l'AS Saint-Étienne et les Girondins de Bordeaux ne seront plus en Ligue 1.

C’est un passage difficile pour un club car si on descend par l’ascenseur, on remonte le plus souvent par l’escalier.

UNE **REMONTADA**

Un retournement de situation inattendu ; une remontée spectaculaire d'une équipe

(Confier la rédaction de cette entrée à un supporter marseillais ne l'empêchera pas de définir ce terme avec la plus grande objectivité, mais le lecteur a le droit de savoir que cela a procuré à l'auteur un certain plaisir mesquin – ou taquin –, désolé Michel Denisot...)

Repris de l'espagnol *remontada*, qui signifie « remontée, retournement de situation, come-back », le mot a fait son entrée en français lors du match retour de la Ligue des champions entre le FC Barcelone et le PSG le 8 mars 2017. Vainqueur 4-0 à l'aller, le PSG se voyait déjà qualifié pour les quarts de finale. C'était sans compter sur un Barça déchaîné et des joueurs surmotivés, mais aussi sur la déroute des joueurs parisiens, tétanisés dans leur défense et incapables de repousser les assauts catalans. Après l'ultime but de Sergi Roberto à la 85e minute de jeu, le PSG fut éliminé avec l'un des échecs les plus retentissants de cette compétition. La presse castillane parla de *remontada* et la presse catalane de *remuntada*. Depuis, le PSG a subi d'autres remontadas, comme celle de Manchester en 2019, ou encore comme la folle remontada du Real Madrid en mars 2022 : vainqueur 2-0 à l'aller, le PSG ouvre la marque par Mbappé avant de subir un *hat trick* de Karim Benzema en 17 minutes.

Depuis 2017, le terme est entré dans le langage courant pour désigner tout retournement de situation inattendu et a même été employé en politique par Arnaud Montebourg, auteur d'un livre intitulé *La Remontada* paru en 2021, mais, face à l'échec de sa « remontée » politique, on qualifia son retour de... « degringolada ».

Elle peut être fantastique ou douloureuse selon où l'on se place. Subitement, une équipe qui tient un bon résultat s'écroule. Récemment, les plus spectaculaires l'ont probablement été aux dépens du Paris Saint-Germain. Pour éviter la remontada, engager ses ex-bourreaux semble ne pas suffire. Le mental s'effrite, le doute s'installe et la confiance disparaît. À quoi ça tient, un match.

LE DERNIER **REMPART**

Le joueur qui empêche l'adversaire d'inscrire un but en fin d'action

Dans les mots et expressions belliqueuses du football, certaines remontent jusqu'à des temps anciens. Les références guerrières peuvent se faire moyenâgeuses. Le *rempart* en fait partie comme synonyme de *muraille*, qui entoure et protège. *Être le dernier rempart* revient à être la dernière pierre, ou du moins le dernier obstacle, à empêcher l'adversaire de marquer.

Les gardiens de but sont souvent qualifiés de *remparts* à cause de leur positionnement habituel sur le terrain. Lorsque l'on précise *dernier*, cela peut s'appliquer davantage à un défenseur ou tout joueur venu se sacrifier dans un ultime retour vers son but, afin que le ballon tiré par son adversaire ne franchisse pas la ligne. C'est sa solidité et sa vaillance qui sont vantées par l'expression, bien plus que son immobilisme, car souvent les derniers remparts effectuent de grandes courses de repli qui nécessitent également vitesse et anticipation.

UN RENARD DES SURFACES

Un joueur rusé dans la surface de réparation

Grand, fort, puissant, adroit de la tête comme des deux pieds : voilà l'image prototypique que l'on se fait de l'attaquant. Pourtant, il faut parfois autre chose pour marquer un but : c'est ce qu'a très bien compris la ou le *renard des surfaces* (généralement un attaquant, mais n'importe qui peut *marquer en renard des surfaces*). Tel un renard à l'affût de sa proie, ce joueur mise sur la ruse pour marquer et, pour cela, il sait être opportuniste, bien se placer, anticiper le mouvement des défenseurs ou la sortie du gardien, mettre le pied au bon moment, faire le geste inattendu qui prendra tout le monde de court et enverra le ballon rouler au fond des filets alors que l'action semblait perdue.

Le *renard des surfaces*, habile connaisseur de la surface de réparation, sait exploiter le moindre ballon qui traîne et transformer en but un ballon *a priori* inoffensif. Attention : le *renard des surfaces* marque certes des buts pas toujours spectaculaires, mais ce ne sont pas pour autant des *buts de raccroc* et ce sont souvent les plus grands attaquants qui peuvent remplir ce rôle. La preuve, parmi les grands *renards des surfaces*, on peut citer les Allemands Gerd Muller et Rudi Völler, l'Italo-Argentin Delio Onnis, le Franco-Argentin David Trezeguet, l'Anglais Alan Shearer, l'Espagnol Raúl, l'Italien Filippo Inzaghi, le Néerlandais Ruud van Nistelrooy... ↘

UN RENARD DES SURFACES

L'Italo-Argentin Delio Onnis, meilleur buteur de l'histoire du Championnat de France, a été un grand renard des surfaces, *avec pas moins de 299 buts marqués dans l'Hexagone.*
Le vrai renard sait se faire oublier pendant le match. C'est le guetteur qui tend son pied ou sa tête au meilleur moment, en sortant du bois. Les attaquants dans la trentaine se convertissent progressivement à ce rôle, qui leur permet de mieux gérer leur énergie. C'est ce qui explique que Cristiano Ronaldo ou Zlatan Ibrahimović puissent continuer de faire tourner les compteurs sans les jambes de leurs 20 ans.

UNE **REPRISE DE VOLÉE** ET UNE **DEMI-VOLÉE**

Action de reprendre le ballon avant qu'il ne touche le sol (volée) ou après un seul rebond (demi-volée)

La *reprise de volée* est sans doute l'un des gestes les plus spectaculaires et les plus imparables. Elle consiste à reprendre un ballon aérien avant même qu'il ne touche le sol, autrement dit sans pouvoir le contrôler. Un tel geste peut donc être très hasardeux, et il y a de grandes chances que le ballon aille se perdre dans le ciel ou que la frappe dévissée roule bêtement en six-mètres. Mais s'il est réussi, le but sera forcément beau, en raison notamment de la puissance conférée à la frappe de volée. Parmi les volées célèbres, on renverra bien sûr aux fameuses papinades.

La *demi-volée* est tout aussi difficile à exécuter, mais dans ce geste le ballon aura rebondi une fois au sol, ce qui permet d'en apprécier mieux la direction et la puissance. Réussie, une demi-volée peut être tout aussi magnifique qu'une volée.

Si cela n'avait pas semé la confusion, le football aurait presque pu être appelé le *volées-ball*.

LE ROND CENTRAL

La zone circulaire dont le centre correspond à celui du terrain et à partir duquel se donnent les coups d'envoi des mi-temps

Au football, il n'y a pas que le ballon qui est rond : il y a aussi un marquage au centre du terrain qui, divisé par une ligne médiane entre les deux parties latérales, forme un cercle qu'on appelle le *rond central*. Son rayon est de 9,15 mètres (10 yards), soit la distance entre la balle arrêtée d'un coup franc et le (potentiel) mur de défense adverse. En effet, selon les règles officielles établies, les adversaires doivent se tenir à distance suffisante pour la (re)mise en jeu.

Quand *rond* n'est pas un nom mais un adjectif, il peut être synonyme de *courbé*. Le cercle n'est alors pas complet ni fermé, comme dans l'expression *faire le dos rond*. On trouve ainsi sur un terrain six autres zones rondes avec des quarts de cercles dans les angles (aux quatre coins appelés aussi *corners*) et deux arcs de cercle devant les surfaces de réparation (la règle de l'éloignement s'applique et se matérialise ainsi pour ces deux derniers par rapport aux points de penalty).

UNE ROULETTE

Un geste technique qui consiste à progresser balle au pied en tournant sur soi-même et en posant successivement l'un et l'autre pied sur le ballon

La *roulette* est un dribble spectaculaire et rare, car très difficile à réaliser. Inspirée du râteau par la griffe qu'elle appose sur le ballon, la roulette est double car ce sont les deux pieds qui vont successivement faire rouler la balle, tout en ajoutant une rotation du joueur. Ce tournoiement sur soi-même rappelle le jeu de la roulette et peut faire perdre la tête... Celle du défenseur qui ne peut saisir la balle ou celle de celui qui la rate et se fait emporter.

Parmi les grands joueurs qui l'ont beaucoup pratiquée, Diego Armando Maradona est sans doute le plus célèbre de ses précurseurs dans les années 1980. Le Croate (et non Russe !) Robert Prosinečki saura la manier ensuite avec aisance, mais c'est surtout Zinédine Zidane qui la fera éclater au grand jour et vriller avec le plus d'élégance.

UNE ROULETTE

En jouant à la roulette pendant le mythique France-Brésil 2006, Zidane a fait sauter la banque. C'est un geste insolent de maîtrise et génialement provocateur. Trois secondes de ce genre dans un match de 90 minutes suffisent à ne pas avoir perdu son temps. C'est pour voir ce genre de choses que les passionnés regardent tous les matchs de leur club, même sans enjeu.

S'EMPALER DANS LA DÉFENSE

Mener une attaque qui se heurte à la résistance de la défense adverse

Le Petit Robert nous dit qu'*empaler* consiste à « soumettre au supplice du pal » ; une pratique violente et mortelle heureusement disparue de nos jours. Dans sa forme pronominale, le verbe *s'empaler* renvoie à « tomber sur un objet pointu qui s'enfonce à travers le corps ». Dans l'expression footballistique *s'empaler dans la défense*, la pointe est absente et s'appliquerait plutôt à l'attaque (on parle d'*attaquant de pointe*). Or, dans ce cas, cette dernière n'est pas gagnante, ou du moins pas assez performante pour passer la défense. En général, un attaquant *s'empale dans la défense* en essayant de traverser une zone avec une forte densité d'adversaires, comme l'axe devant la défense. C'est pour cela qu'il est souvent recommandé de passer par les côtés ou d'écarter sur les ailes.

Peut-être moins belliqueux, mais plus cohérent avec l'image de faire face à un mur (défensif), le verbe *emplâtrer* est aussi employé dans ce même sens. Il offre des ressemblances sonores multiples. Dans le registre de la construction, il est moins glorieux et remporte moins de succès que les nombreuses métaphores guerrières dans les commentaires de football.

S'ESSUYER LES CRAMPONS

Marcher volontairement sur un adversaire pour lui faire mal

Lors du match OM-PSG de 1992, le latéral gauche de Marseille Éric Di Meco n'aurait jamais dû finir la partie étant donné la virulence de ses tacles. Cependant, dans ce match qualifié de « boucherie collective », les joueurs du PSG ne furent pas les derniers à *essuyer leurs crampons* sur les pieds, chevilles ou protège-tibias des Marseillais. Au-delà de la guéguerre OM-PSG, observons cette locution qui désigne l'un des gestes les plus honteux du football.

Un joueur énervé ou vicieux peut, lors d'un contact, laisser traîner son pied et porter atteinte physiquement à son adversaire en lui écrasant la cheville ou en lui portant un coup sur le tibia. C'est parfois après un saut, pour éviter l'adversaire au sol, que le joueur peut, en marchant sur la main ou la cuisse, *s'essuyer les crampons* comme on le ferait sur un vulgaire paillasson. Il s'agit souvent d'un geste d'énervement, lorsqu'on est débordé par le talent d'un adversaire, qui fait partie de ce que l'on appelle le *traitement spécial* que l'on réserve à un joueur surdoué qu'il convient de museler, quitte à lui faire mal, quitte à le contraindre à sortir du terrain pour blessure.

De nos jours, la VAR (assistance vidéo à l'arbitrage) permet de mieux condamner ces gestes qui, en plus de leur laideur, sont extrêmement dangereux.

*Quand on pense au nombre
de joueurs qui ont pu
faire carrière à Marseille
uniquement parce que
la VAR n'existait pas...
Je blague, évidemment.*

UNE SACOCHE

Un but inscrit d'une frappe lourde

Dans la catégorie « frappe lourde », la sacoche occupe sans doute la plus haute place. *Tirer, mettre* ou *placer une sacoche*, c'est décocher une frappe lointaine particulièrement surpuissante, qui ne laisse aucune chance au gardien. Généralement, la sacoche va se loger sous la barre ou dans la lucarne en faisant claquer les filets.

Pourquoi une *sacoche* ? Peut-être parce que les filets ayant reçu le ballon expédié puissamment évoquent une sacoche lourdement remplie ? Ce n'est qu'une hypothèse, car la motivation et l'origine de l'expression demeurent obscures. Ce qui est certain, c'est qu'à force d'accumuler des sacoches, on peut finir par *se prendre une valise*.

SE PRENDRE LES PIEDS DANS LE TAPIS

Chuter par soi-même, pour un joueur, mais parfois aussi (métaphoriquement) pour une équipe

Quand on déroule un tapis, c'est pour que le cheminement envisagé sur celui-ci se passe sans encombre. Lorsqu'il est rouge, c'est un honneur, mais au football la pelouse est bien verte. D'ailleurs, une *victoire sur tapis vert* revient à gagner en dehors du terrain (sur décision institutionnelle). Certes *se prendre les pieds dans le tapis* n'est pas une expression uniquement réservée au football, mais avec la propension de certains joueurs à aller facilement au sol (et se [faire] rouler), l'expression est souvent usitée. Elle renvoie généralement au fait de trébucher sans l'action directe d'un adversaire.

Un usage peut également s'appliquer au collectif de l'équipe lorsqu'une défaite de celle-ci est davantage le fruit de ses propres erreurs plutôt que de la victoire éclatante glanée au mérite par l'équipe adverse. Mais au football, un Tapie célèbre restera dans les mémoires et c'est bien sûr Bernard ! Il s'est pris au jeu du football et a aussi pris le cœur des Marseillais, pour qui il sera encore longtemps regretté.

SE PRENDRE UNE VALISE

Encaisser un grand nombre de buts (perdre lourdement)

Il y a certes des termes plus grossiers pour qualifier une lourde défaite pouvant ébranler une équipe. Mais *se prendre une valise*, ça fait mal quand même. À partir de combien de buts encaissés peut-on parler de *valise* ? Au-delà de quatre buts, on est dans la correction et l'on peut considérer qu'à partir de cinq buts d'écart, on peut ouvrir la valise.

L'image est celle d'une valise remplie de buts qu'il faudra porter, lourdement chargée, à la fin du match. Et si l'un des buts est encaissé après une *sacoche* (frappe lourde et puissante), il y a de quoi ouvrir une bagagerie ! Si la défaite est à l'extérieur, ironiquement, ça valait le déplacement. Le record de la plus grosse *valise* a été réalisé en 2002 lors d'un derby à Madagascar. Il s'est soldé par un poignant 149 à 0.

Quoi qu'il en soit, après *s'être pris une valise*, les joueurs n'ont qu'une envie : *se faire la malle*...

UNE **SEMELLE**

Un coup donné à un adversaire avec la semelle du pied, là où se trouvent les crampons

La chaussure de football est munie de crampons de tailles diverses ajustés en fonction de la nature du terrain (gazon, synthétique, terrain humide, gras, sec, etc.). Des vieux crampons vissés métalliques (souvent plus longs et accrocheurs) au plus récents crampons moulés en plastique (plus profilés et adaptés aux terrains modernes), la douleur au contact peut s'avérer intense. Un coup donné avec cette partie de la chaussure est donc forcément plus dangereux.

C'est le sens contenu dans le fait de *mettre une semelle*, geste qui consiste à réellement toucher un adversaire (en général à la cheville ou au talon) avec cette partie de la chaussure, ce qui peut occasionner une blessure. Par extension, *mettre la semelle* signifie « jouer durement », être plus « rugueux » dans les contacts pour impressionner l'adversaire et freiner ses velléités offensives. ↘

UNE SEMELLE

Certains oublient que leurs semelles ont des crampons. Certes, ils ne sont plus en aluminium. Mais c'est toujours très douloureux, même avec des protège-tibias. Il y a plusieurs types de semelle. Il y a par exemple la petite semelle d'intimidation en début de match avec un mot dans l'oreille. Ou bien la semelle « bien placée » sur la cheville ou sur le tendon d'Achille, qui vous prive d'un joueur pendant plusieurs semaines. Il y a aussi la semelle imaginaire sur certains attaquants (la liste est longue et prestigieuse), ou encore la semelle involontaire du maladroit emporté par sa propre vitesse.

« SI C'EST DEDANS, C'EST PAREIL »

Expression, attribuée à Thierry Roland, caractérisant un tir qui a failli se transformer en but

L'expression *si c'est dedans, c'est pareil* souligne le quasi-accomplissement, c'est-à-dire le non franchissement de la ligne à l'intérieur de la cage de but. Un but n'est valable que si le ballon passe en intégralité de l'autre côté de la ligne. Cette expression s'emploie principalement pour des tirs non cadrés, mais très proches des poteaux (latéraux) ou de la barre transversale (horizontale). On l'utilise souvent pour caractériser des tirs puissants non captés par les gardiens ; dans ces cas, le ballon a bel et bien franchi la ligne mais pas du bon côté du poteau pour le tireur.

Cette expression a été popularisée par Thierry Roland, commentateur sportif emblématique des années 1980-2000, qui était parfois surnommé la « voix de l'équipe de France » tant il a couvert de retransmissions de football de l'équipe nationale. Son compère Jean-Michel Larqué avait l'habitude de rétorquer : « Eh bien non, Thierry, si c'est dedans, ça fait but, ce n'est pas pareil ! »

Depuis peu, dans les différentes statistiques proposées, il existe les xG, pour « *expected goals* » ou « buts attendus ». Une occasion de but est alors évaluée de zéro à un pour refléter son pourcentage de réussite potentielle à devenir un but. Thierry Roland ne commentait plus quand cette innovation est apparue, mais peut-être a-t-il inspiré les inventeurs de cette catégorie ?

UNE **SIMULATION**

Une faute ou une blessure feintes pour influencer l'arbitre

Les footballeurs sont de grands athlètes... et parfois de grands comédiens. Le jeu appelle des fautes (tacle, croc-en-jambe, tirage de maillot, coup de coude...) en principe réprimandées par le corps arbitral... lorsqu'il les voit ! Cependant, les joueurs sont souvent tentés de simuler une faute pour influencer, tromper l'arbitre et obtenir la possibilité de tirer un penalty ou un coup franc.

La palette des simulations est vaste : plongeon dans la pelouse en l'absence de contact, habile auto-croc-en-jambe, cri de douleur effroyable qui laisse entendre que le joueur est sur le point de mourir (alors qu'on lui a effleuré la cheville), mains soudainement posées sur le visage pour faire croire que l'on a été frappé... Si certains sont devenus des artistes dans l'art de la simulation (on les qualifie de *roublards*), ils ont parfois tendance à en faire beaucoup trop, et cela se voit : sur les images de la VAR qui, plus que jamais, scrute les comportements des joueurs, mais aussi et surtout sur les réseaux sociaux qui se délectent de simulations grossières, comme ces joueurs qui enchaînent les roulades à n'en plus finir sur la pelouse. La simulation, lorsqu'elle est constatée, est bien sûr sanctionnée.

SIX MÈTRES

Remise en jeu de la balle après une sortie de but

Dire simplement « il y a six mètres » peut prendre plusieurs significations, souvent d'ailleurs par anticipation. Ainsi, des joueurs peuvent le revendiquer auprès de l'arbitre pour indiquer que le ballon est sorti du terrain dans la largeur, hors des buts. Par projection, ils prévoient déjà l'action suivante, en leur faveur, qui consistera à remettre la balle en jeu à travers un coup de pied de but selon la loi 16 du Conseil international du football association.

Le terme de *dégagement* était répandu car, avant 2019, le ballon devait sortir de la surface de réparation. Parfois, à la place du gardien, un défenseur se chargeait d'envoyer la balle le plus loin possible. Désormais, dans la pratique, suite à ce changement de règle et de nouvelles tendances de jeu, les six mètres sont plus courts d'une certaine manière et initient des phases de passes courtes dès cette remise en jeu.

Le comble dans cette expression répandue, c'est que la ligne ne se situe pas à 6 mètres... mais plus exactement à 5,5 mètres, soit 6 yards... Les francophones semblent avoir bien traduit l'unité de mesure, mais oublié la conversion du chiffre au passage.

LE SOUPIRAIL

La partie inférieure du but, de la base des poteaux au fond des filets

La véritable star de la cage, c'est la lucarne, que l'on aime *viser* ou *nettoyer* pour marquer des buts mémorables. Il ne faudrait pourtant pas oublier le soupirail, situé à l'extrême opposé. En architecture, un soupirail est un conduit situé dans la partie inférieure d'un bâtiment afin de permettre une circulation d'air. De la même famille que *soupir* et *soupirer* construits à partir du verbe latin *suspirare*, « respirer profondément », le *soupirail*, du latin *spiraculum*, a connu les formes médiévales *sospiriel*, *sospiral* et *souspirail* avant d'être attesté sous la forme *soupirail* au XVIe siècle.

Au football, le soupirail se situe en bas de la cage, au ras des poteaux. Plus précisément, le soupirail court de la base du poteau au fond des filets en longeant le petit filet. Lorsqu'il était entraîneur de l'AJ Auxerre puis consultant sur TF1, Guy Roux utilisait fréquemment ce terme, hélas beaucoup moins employé de nos jours (*soupir*).

LA SURFACE DE RÉPARATION

La zone située devant le but, dans laquelle le gardien peut saisir le ballon à la main mais où une faute commise par l'équipe adverse donnera un penalty

Si l'adage populaire indique que « faute avouée est à moitié pardonnée », au football ce qui compte davantage c'est l'endroit où a lieu la faute. En effet, pour l'équipe attaquante, le plus souvent dans la moitié adverse, le rectangle devant le but, appelé *surface de réparation*, constitue une zone dans laquelle la faute peut plus facilement donner une chance de marquer. Toute faute commise par l'équipe défendant dans sa surface donnera ainsi un penalty (qu'il faut encore transformer...). Le sens de « réparation » se comprend dans la compensation accordée pour une entrave illicite alors si proche de l'objectif final.

Mais la surface de réparation est aussi le lieu de prédilection des gardiens (en tout cas dans leur propre camp) car ils peuvent y saisir le ballon à la main. Privilège ultime dans ce sport de pied – certains y verront une réparation à toute la frustration de ne pouvoir le faire ailleurs ou pour les autres joueurs. ↘

LA SURFACE DE RÉPARATION

Quelle chose étrange ! Sa taille : exactement 16,5 mètres par 40,3 mètres. Allez savoir pourquoi. Son nom : réparation. *Plaît-il ? Rien à voir avec un garage automobile.*
Ce qu'on répare, c'est la faute commise, qui donne lieu à une pénalité,
penalty *en anglais.*
Quand on y entre balle au pied, il y a une sensation un peu spéciale d'être sur un volcan. Mais c'est probablement plus dangereux encore pour les défenseurs. Tous, même les meilleurs, ont déjà provoqué au moins une fois un penalty. C'est la zone du chaos. Les attaquants cherchent la cible mais aussi très souvent à obtenir une faute en allant se jeter dans les pieds des défenseurs. À mon sens, ce n'est pas de la triche. C'est un moyen de contraindre le défenseur à s'écarter et cela fait partie du jeu, même si cela peut paraître contestable parfois. Je ne parle pas, bien entendu, des plongeons fantasques à la Luis Suárez ou autres spécialistes.

UN TACLE D'ATTAQUANT

Un tacle maladroit pratiqué par un joueur qui n'a pas l'habitude des gestes défensifs

Le football est un sport collectif dans lequel les 11 joueuses ou joueurs d'une équipe peuvent être engagés dans des phases offensives ou défensives ; un défenseur ou un gardien peuvent marquer un but (oui, cela arrive pour les gardiens !) et un attaquant peut très bien sauver son équipe en dégageant un ballon sur sa propre ligne de but. Cependant, à vouloir trop bien faire, un attaquant peut aussi se prendre les pieds dans le tapis... et dans les jambes de l'adversaire.

Un tacle d'attaquant est en effet un geste défensif mal réalisé par un joueur qui n'en a pas l'habitude et qui, avec trop d'engagement, les pieds décollés ou trop hauts, va commettre une faute grossière qui peut amener un penalty très dommageable pour l'équipe. Généralement réalisé en dernier recours ou sur une phase de grosse pression, le *tacle d'attaquant* contient presque dans la locution même le pardon accordé à celui qui n'est pas préparé à réaliser un geste défensif. ↘

UN TACLE D'ATTAQUANT

Dans une équipe, tout le monde doit défendre. Les tacles des attaquants sont souvent déterminants pour partir en contre-attaque. Olivier Giroud et Antoine Griezmann sont de bons modèles de cette abnégation défensive chez les buteurs. Esprit guerrier.

UNE TALONNADE

Un geste qui consiste à jouer le ballon avec le talon

À en croire Michel Denisot, la réputation de la talonnade serait usurpée. Ce geste continue pourtant de soulever l'admiration des foules et les plus grands techniciens savent qu'une passe décisive réalisée d'une talonnade ajoute une touche de magie à l'action. Quant aux buts marqués d'une talonnade, ils sont entrés dans la légende sous le nom de *madjer*.

Le mot est formé du nom *talon* et du suffixe *-ade*, issu du latin *atam*, qui a servi à la substantivation de formes conjuguées, autrement dit à la transformation de participes passés latins en noms communs. Ce suffixe *-ade* est très fréquent dans les langues méridionales comme l'espagnol, l'italien ou l'occitan, et c'est du Sud que nous viennent la *tapenade*, l'*anchoïade* et... la *papinade*, construite sur le même modèle morphologique. D'après le *Dictionnaire historique de la langue française* d'Alain Rey, le mot *talonnade* est attesté avant 1525 et désigne initialement un « coup de talon donné à un cheval » mais aussi un « bruit de talon » (fin du XIXe siècle) puis le « coup de pied donné en arrière au football », avec une attestation signalée en 1905. À noter que ce mot qui renvoie à un geste peu académique est absent du dictionnaire de l'Académie française... ↘

UNE TALONNADE

Michel Platini m'a dit un jour qu'il fallait arrêter de s'extasier sur les talonnades, car c'est un geste que l'on fait pour compenser un mauvais placement. Cela peut amener un but, un beau même, mais ce n'est pas vraiment l'esprit du jeu. Artur Jorge, qui entraînait Paris au début des années 1990, prenait moins de pincettes : « Les talonnades, c'est de la merde ! » Il avait pourtant entraîné le FC Porto victorieux de la Coupe des clubs champions en 1987 contre le Bayern Munich sur une talonnade devenue célèbre d'un certain Madjer...

UN TAULIER

Un joueur charismatique, solide et rassurant

Le mot *taulier*, en français, serait dérivé de *taulard* qui signifie « prisonnier, détenu » (*Le Grand Robert*). Toujours dans un registre familier ou argotique, le *taulier* désigne le propriétaire ou le gérant d'un hôtel. Par extension, on peut inclure les restaurants et les bars. Appliqué au milieu sportif, et en particulier à une pratique collective comme le football, le qualificatif n'est pas péjoratif et rappelle le charisme d'une joueuse ou d'un joueur. Ainsi, on vante son importance et son aura, parfois matérialisées par le brassard du capitaine - mais pas systématiquement.

Le taulier rassure ses troupes quand il évolue en défense ou garantit l'efficacité d'une attaque lorsqu'il joue en pointe. Si la musique française a perdu son taulier (Johnny Hallyday), le football en a encore plusieurs, mais de moindre stature en comparaison. Ils ne s'imposent pas aussi unanimement que l'idole des jeunes ; même s'ils tentent eux aussi d'allumer le feu dans les défenses ou de donner l'envie, ils doivent encore vivre pour le meilleur (du football).

TENIR LE RÉSULTAT

Maintenir le score en l'état

Le principe du football, c'est de marquer des buts, et si possible un de plus que l'adversaire. Il arrive cependant qu'une équipe puisse se contenter d'un résultat qui lui est favorable, qu'elle mène par un but d'avance, qu'elle soit sur le point d'obtenir un match nul ou même qu'elle s'apprête à perdre mais avec une différence de but minime. Elle essaie alors de *tenir le résultat*, autrement dit de maintenir le score en l'état, ce qui implique un jeu exclusivement défensif, lequel peut inclure le fait de jouer la montre ou de pratiquer de l'antijeu caractérisé.

Lors de la Coupe du monde 2010, l'équipe d'Espagne a gagné tous ses matchs d'un seul but d'écart (sauf un match de poule contre le Honduras, 2-0). Des huitièmes de finale jusqu'à la finale, la Roja a remporté ses quatre matchs sur le score de 1 à 0.

« Tenir plutôt que courir », telle pourrait être la devise de ceux qui essaient de *tenir le résultat*.

On peut connaître une fin de match difficile même lorsqu'on mène à la marque. C'est une gestion délicate : il faut renforcer sa ligne défensive, mais se contenter de subir serait trop risqué. La solidarité du groupe est à ce moment-là déterminante. Tenir le résultat, *c'est l'inverse de la remontada, dont les exemples, que nous tairons, sont malheureusement trop nombreux.*

UNE TÊTE CROISÉE, DÉCROISÉE ET PIQUÉE

Différentes possibilités de jeu de tête

Le football ne se pratique pas sur un coup de tête, mais un coup de tête peut être très pratique... et efficace ! En phase défensive, par exemple sur la conquête d'un ballon aérien à la retombée, un joueur essaie de propulser la balle vers l'avant avec son front. Sur une phase offensive, l'attaquant essaie de jouer avec différentes parties de la tête pour produire des effets différents et surtout pour imprimer une trajectoire particulière au ballon.

La *tête décroisée* consiste à toucher légèrement le ballon pour qu'il dévie à peine de sa trajectoire dans la même direction que le centre, mais vers le but. La *tête croisée*, au contraire, consiste à mettre sa tête en opposition pour que le ballon prenne une trajectoire inversée par rapport au centre. Enfin, la *tête piquée* consiste à frapper le ballon de façon à ce qu'il rebondisse sur le sol avant de remonter... si possible dans le but. Cette tête peut sérieusement perturber les réflexes du gardien. Avec le coup de casque et la tête plongeante, on voit toute la panoplie du jeu de tête. Le football n'est peut-être pas un sport cérébral, mais il mobilise beaucoup la tête.

UNE TÊTE PLONGEANTE

Une frappe du ballon, avec la tête, en plongeant (souvent vers l'avant)

Certes ce sport s'appelle *foot*ball et non pas *head*ball, mais la tête y tient tout de même un rôle important, et pas seulement pour réfléchir aux meilleures stratégies. On peut en effet utiliser la tête pour faire avancer le ballon : soit pour l'envoyer vers un partenaire (une déviation peut suffire), soit pour essayer de marquer un but. Plusieurs surfaces peuvent être utilisées : de préférence le front (selon la puissance, ce sera un bon *coup de casque*), mais aussi le côté (la tempe) ou le sommet du crâne.

En fonction de la trajectoire, on parlera de *tête croisée*, *décroisée*, *piquée* ou... *plongeante*. Cette dernière se tente lorsque le ballon, à hauteur relativement basse, semble hors de portée d'une tête ordinaire : il faut alors que le joueur se jette en avant, à l'horizontale, comme s'il plongeait, afin de couper la trajectoire de la balle en espérant la propulser au fond des filets. Si c'est cadré, le gardien a peu de chances de l'arrêter, mais il se peut que le ballon soit raté (un plongeon... sans tête) ou expédié hors du cadre. Ce geste, qui peut être spectaculaire, n'a bien sûr pas de rapport avec un plongeon dans la surface, grand classique de la simulation. ↘

UNE TÊTE PLONGEANTE

Il faut être un très grand audacieux ou un trompe-la-mort pour mettre sa tête là où d'autres mettent le pied. Edinson Cavani fait partie des grands spécialistes du jeu de tête, y compris de l'exercice risqué et décisif de la tête plongeante.
Une équipe sans joueur de tête se prive d'un tiers de ses occasions. Les joueurs qui prennent le ballon de la tête ne sont pas nécessairement les plus grands par la taille. Il faut un excellent sens du timing, *comme chez Marquinhos par exemple, et des abdominaux à ressorts comme Cristiano Ronaldo.*

UN TIFO

Un spectacle visuel réalisé dans les tribunes

Il existe une différence fondamentale entre les *spectateurs* et les *supporters*. Les premiers, comme l'étymologie latine du mot l'indique (*spectare*), ne font que regarder et, dit-on de manière critique, *consommer*. Les seconds ne sont pas là pour assister de manière passive au match : non seulement ils encouragent leur équipe (c'est le sens du verbe anglais *to support*) mais ils font aussi le spectacle, présents aussi bien pour voir que pour être vus. Tous les moyens sont bons pour attirer le regard des spectateurs et des caméras sur les tribunes : fumigènes, banderoles, écharpes, couleurs... et les fameux tifos.

Le *tifo* est un spectacle visuel de grande ampleur qui nécessite une longue préparation et une coordination sans faille : chaque supporter dispose d'un papier coloré, d'une bande de tissu ou d'un objet cartonné qu'il doit brandir à un moment précis (généralement à l'entrée des joueurs). Sur le principe de la mosaïque, vue de loin, apparaît alors une fresque gigantesque qui représente le blason du club ou de la ville, un visage, un animal, un trophée... Ces animations parfois très spectaculaires font la joie des photographes et la gloire des clubs de supporters. Le mot nous vient de l'italien *tifo* qui, au sens médical du terme, désigne le « typhus », une maladie associée à des fièvres violentes qui peuvent aller jusqu'au délire et aux troubles cérébraux. Métaphoriquement, le *tifoso* (pluriel *tifosi*) est ce supporter « enragé », passionné par son équipe et prêt à tout donner pour l'encourager, jusqu'à en mettre plein la vue.

UN TIFO

J'ai toujours trouvé sublime cette forme d'art éphémère et collective. Avec le temps, les tifos sont devenus hyper sophistiqués. Lorsque j'étais directeur du sport chez Canal +, si par malheur nous oubliions de filmer les tifos, de donner ses quelques secondes de gloire au public, nous recevions de nombreux messages de supporters furieux.

EN TIKI-TAKA

Se dit d'un style de jeu caractérisé par des enchaînements de passes rapides, le plus souvent en une seule touche de balle

Certains styles de jeu proviennent d'un pays en particulier ou d'une culture à part et gardent le sceau linguistique de leur origine. Le tiki-taka vient d'Espagne. Le premier usage attesté et partagé à grande échelle aurait été prononcé par le journaliste Andrés Montes lors d'un commentaire sur son équipe nationale pendant la Coupe du monde 2006 : « *Estamos tocando tiki-taka tiki-taka.* » En passant au-delà des Pyrénées, un *tiki-taka* s'est perdu et la locution s'est stabilisée avec une seule occurrence. Basée sur le principe de l'onomatopée, on retrouve le son de la balle qui circule d'un pied à l'autre, un peu à la façon d'un métronome (tic-tac).

Un club en particulier a cristallisé ce style de jeu aux multiples passes courtes et rapides, souvent en une seule touche de balle, c'est le FC Barcelone sous la direction de Pep Guardiola, avec des joueurs comme Messi, Xavi ou encore Iniesta. Ce style reste un symbole de maîtrise du jeu et de conservation du ballon. Pas toujours à la pointe et sans trop de tact, les oppositions à cette tactique ont souvent répondu par l'apathique repli et la contre-attaque.

UN TIR BROSSÉ

Une balle frappée avec l'intérieur ou l'extérieur du pied, pour lui donner un effet

Le *tir brossé* est un geste technique qui demande beaucoup de pratique. Il peut s'appliquer lors de toute tentative de but, mais il est plus souvent pratiqué lors d'une phase dite *de coup de pied arrêté*. Parmi les déclinaisons de ces phases, on retrouve beaucoup les coups francs. La contrainte défensive du mur impose de devoir le contourner. Avec une frappe de l'intérieur ou de l'extérieur du pied, un effet peut être donné au ballon afin qu'il ne soit pas rectiligne mais qu'il suive plutôt une courbe latérale et dévie vers la gauche ou la droite. Les tirs brossés de l'intérieur du pied sont plus courants, comme nombre de coups francs tirés par Michel Platini ; mais certains restent marquants, avec l'originalité d'une frappe de l'extérieur.

Nul doute que Fabien Barthez doit encore se souvenir de la frappe magistrale de Roberto Carlos en 1997 (pourtant réalisée sur un coup franc de 35 mètres, pratiquement face à son poteau gauche). Parmi les frappes brossées célèbres, on retrouve quelques corners dits *rentrants*, et alors décoiffants, comme certains de David Beckham, jamais avare de coupes ni d'effets.

Vieille expression pour désigner la frappe de l'extérieur ou de l'intérieur du pied. Luka Modrić est une référence de ces ballons enroulés, sur des passes plus que sur des tirs d'ailleurs. Sa passe décisive brossée pour Rodrygo lors de la demi-finale de C1 Real Madrid-Manchester City en 2022 (retour) pourrait être exposée au Louvre.

UN TIR EN PICHENETTE

Un léger coup donné sous le ballon

Avec le lob et la panenka, la pichenette est l'un des gestes qui réclame le plus grand sens du dosage. Il s'agit d'un léger et subtil coup de pied sous le ballon, qui doit lui permettre de décoller légèrement afin de passer par-dessus le gardien dans un duel. Marquer un but en pichenette témoigne d'une grande agilité et d'une certaine malice pour réaliser l'action au bon moment et ainsi tromper le gardien.

En français courant, la *pichenette* se réalise avec une autre partie du corps puisqu'il s'agit d'un léger coup du bout des doigts ; le synonyme est *chiquenaude* et l'on parle de *pichenotte* en français du Canada. L'origine du mot demeure obscure. Doit-on y voir une influence du provençal *pitchouneto*, diminutif de *pichouno* (« pitchoune »), « petit » ? Ou bien une dérivation du verbe *piquer* qui aurait subi une palatalisation (passage du son [k] au son [tch]) et dont on retrouve des formes en picard (*piquenotte, piquenaude*) ? Alain Rey, dans son *Dictionnaire historique de la langue française*, mentionne même une possible dénasalisation du mot *pinchenette* (passage d'une voyelle nasale à une voyelle orale : [ɛ̃] devient [i]), de la famille du verbe *pincer*. Peut-être qu'il s'agit d'un peu de tout cela à la fois ? N'en sachant rien, nous évacuerons cette question d'une *pichenette* !

Il y a quelque chose d'un peu taquin dans ces petits lobs. Quand un joueur arrive sur le gardien, ce dernier se baisse pour fermer ses angles et éviter les tirs du plat du pied. La pichenette reste alors le meilleur moyen de le contourner. Ce n'est pas Ángel Di María qui dira le contraire.

UN TORO

Une activité ludique qui consiste à placer un joueur au centre d'un cercle formé par les autres joueurs, qui doivent se passer la balle sans se la faire prendre

Le *toro* du football s'écrit bien avec deux O et non comme un *taureau*, l'animal en français. Ce *toro* ne se pratique pas en compétition car il s'agit d'un jeu, ou d'un atelier, pratiqué lors de l'entraînement. Des joueurs forment un cercle et placent l'un d'entre eux, seul, au centre. La balle doit circuler à l'aide de passes entre ceux qui forment le périmètre, sans que l'individu au centre ne l'attrape. Les joueurs formant le cercle doivent rester à leur place, ne pas s'enfuir à moins d'une quelconque menace. Cette activité permet de travailler la vivacité des gestes, qu'il faut coordonner avec la précision des passes, et demande donc une technique importante.

La forme circulaire rappelle celle des arènes de tauromachie et la solitude ressentie à courir au milieu en tentant de piquer la balle évoque le rôle du taureau. Rappelons que lors des corridas, en France, une *passe* désigne un geste de leurre pour faire courir l'animal. Ici c'est aussi le moyen de faire courir, mais surtout celui de ne pas se faire prendre la balle.

UN TORO

J'ai régulièrement assisté à des toros lorsque j'allais aux entraînements de la Juventus de Turin avec Michel Platini. C'était leur échauffement quotidien. Le côté ludique de cet exercice, qui n'est pas sans rappeler la cour de récréation, permet de créer du lien entre les joueurs. C'est un moment pendant lequel on peut également discuter, voire chambrer (Paolo Rossi ou Marco Tardelli en savent quelque chose !). Je prenais beaucoup de plaisir à les voir s'amuser. C'est un véritable privilège même, car il n'y a pas de public. Les équipes ne le pratiquent plus systématiquement.

UNE TOUCHE

Une remise en jeu effectuée avec les mains

Lorsque le joueur d'une équipe touche en dernier le ballon qui sort des limites latérales du terrain, on dit qu'il *concède une touche*, accordée alors à l'équipe adverse. La *touche* est une remise en jeu qui s'effectue avec les mains : le ballon est tenu entre les deux mains derrière la nuque et, par un mouvement de balancier, le joueur, sans décoller les pieds, essaie de l'envoyer sur un équipier. En phase offensive, certains joueurs essaient des *touches longues* qui, lancées avec puissance, peuvent être l'équivalent d'un centre dans la surface de réparation.

D'après le *Dictionnaire historique de la langue française*, le mot *touche*, emprunté à l'anglais *touch*, serait apparu dès la fin du XIXe siècle (1889) dans les jeux de ballon « pour désigner la partie du terrain à l'extérieur des limites latérales du champ de jeu ». C'est d'ailleurs pour cela qu'on parle du *banc de touche* et, pour un joueur qui n'est pas entré en jeu par choix de l'entraîneur, on dira de lui qu'il est *resté sur la touche*. Enfin, quand on veut se sortir d'une situation délicate, on peut *dégager* ou *botter en touche* (avec moins de sens stratégique qu'au rugby). Ce n'est pas très esthétique, mais ça soulage. Cette locution est passée dans l'usage courant avec le sens de « se sortir d'une situation délicate en changeant de sujet ou en refusant de répondre ».

TOUCHER LA BARRE

Expédier le ballon sur la barre transversale

Le cadre du but est délimité par deux poteaux, aussi appelés les *montants*, et une barre dite *transversale*, appelée plus communément la *barre*. *Toucher la barre* ou *toucher les montants* (on utilise aussi le verbe *attraper*), c'est expédier un ballon sur l'un de ces éléments avec comme conséquence de ne pas marquer de but, sauf en cas de poteau rentrant ou de barre rentrante.

On peut aussi *attraper l'équerre*, soit toucher l'angle droit constitué de la rencontre d'un poteau et de la barre transversale. Le fait de toucher les poteaux, la barre ou l'équerre est associé à de la malchance, même si cela peut aussi être dû à de la maladresse. Mais sur ce point, les explications sont à géométrie variable.

LA TROISIÈME MI-TEMPS

La période festive d'après-match

La *mi-temps* est un mot composé ayant plusieurs sens. Au football, il renvoie aux deux périodes de 45 minutes (chez les adultes) durant lesquelles se déroule le temps réglementaire de jeu. Un temps additionnel peut s'ajouter pour diverses raisons mais, dans le jeu, elles sont deux. Pourtant on parle aussi de *mi-temps* justement pour désigner le moment entre ces deux périodes. À la mi-temps, par exemple, les joueurs rentrent aux vestiaires. On est face ici à un *énantiosème*, selon Roland Barthes, c'est-à-dire un « signifiant contradictoire », un mot voulant dire une chose et son contraire.

L'expression *troisième mi-temps* s'est davantage popularisée avec le rugby, même si de nombreux autres sports ne sont pas en reste. Elle correspond à la période supplémentaire de temps de « jeu » hors du terrain, généralement sans ballon (en cuir) et sans règlement (sauf au comptoir avant de partir). Aux puristes qui corrigent l'expression *deuxième mi-temps* en *seconde mi-temps*, marquant par-là l'absence d'une troisième mi-temps, c'est peut-être qu'ils n'ont pas encore goûté aux joies de telles festivités, car elles sont un temps de partage que l'on souhaite entre tous, dans la plus grande convivialité du fair-play.

La troisième mi-temps *est le synonyme rugbystique de victoire – ou de défaite – arrosée. Célébrer ou oublier. Contrairement aux deux premières, la troisième mi-temps se joue hors caméra, sans arbitre, sans règle. J'ai le souvenir d'une troisième mi-temps mémorable pendant laquelle, après un tapage nocturne dans un restaurant* (Le Père Claude, XVe *arrondissement de Paris), nous avions été transportés courtoisement par un fourgon de police… jusqu'à une boîte de nuit VIP, à la demande de Leonardo, béret sur la tête et baguette sous le bras, et de ses coéquipiers. Une autre époque.*

TROUER LES FILETS

Frapper le ballon de manière puissante

Avant chaque match officiel, le trio arbitral procède à quelques vérifications de routine, en s'assurant notamment qu'il n'y a aucun trou dans les filets (plus ou moins tendus au fond) et petits filets (filets latéraux entre le poteau et le fond du but). Si cela est extrêmement rare, il est déjà arrivé qu'un but soit accordé alors que le ballon est passé par un trou situé dans le petit filet : en 2013, dans le championnat d'Allemagne, à Hoffenheim, l'attaquant de Leverkusen Stefan Kießling reprend sur corner un ballon de la tête ; le ballon finit sa course au fond des filets, mais le ralenti montre clairement qu'il est passé par un trou presque invisible dans le petit filet. Pourtant, l'arbitre de la rencontre a validé ce « but fantôme ».

La locution *trouer les filets* s'applique de manière métaphorique lorsqu'une frappe surpuissante (un *boulet de canon*, une *mine* ou une *sacoche* peuvent convenir) vient fouetter les filets sur un but, donnant l'impression de les perforer. On emploie aussi la locution *faire trembler les filets* comme équivalent de *marquer un but*.

LA VAR (*VIDEO ASSISTANT REFEREE*)

Le dispositif d'assistance vidéo à l'arbitrage

Le football est un sport qui s'est nourri de grandes tragédies, dont les échecs trouvaient leur origine tournée vers une seule personne : l'arbitre. Personnage singulier sur le terrain car il n'appartient à aucune équipe de joueurs (même s'il en forme une avec ses assistants), il a souvent été désigné comme le bouc émissaire par les (mauvais) perdants. Afin de remédier à de potentielles futures contestations, les instances du football et en particulier la FIFA ont décidé de faire appel à la technique. D'abord en 2012, avec la technologie sur la ligne de but (*goal-line technology*), puis de manière étendue (en particulier à la surface de réparation) avec l'assistance vidéo à l'arbitrage à partir de 2016.

Souvent appelée par son acronyme VAR (pour « *Video Assistant Referee* »), elle peut être sollicitée pour quatre catégories de vérifications : la validité d'un but, la caractérisation d'une faute pouvant entraîner un penalty ou la possibilité d'un carton rouge et, enfin, le contrôle de l'identité d'un joueur.

Notons un effet de dépersonnalisation en français, car on parle d'un *système* et d'*assistance* alors qu'en anglais il est question d'*arbitre(s) à assistance vidéo*. Si cela permet de protéger les arbitres eux-mêmes, tant mieux, car ils souffrent encore trop d'invectives ou d'agressions malgré leur rôle essentiel ➘

LA VAR (*VIDEO ASSISTANT REFEREE*)

En vue d'une plus grande justice, l'assistance vidéo dénature le rythme des matchs et anesthésie l'émotion des buteurs. Mais comme la vraie justice, elle reste discutable et subjective.
Si l'idée est louable, le résultat n'est pas toujours convaincant. Les caméras ne sont pas toujours très bien orientées et la technique peut probablement être améliorée. Avec une puce dans le ballon par exemple ? Le débat est ouvert.

VENDANGER UNE OCCASION

Rater une occasion de but facile

Les vendanges marquent la période de la récolte des raisins, soit pour les consommer directement, soit pour les transformer ensuite, notamment en vin. Au football, *vendanger une occasion* évoque le fait de rater un but qui semblait pourtant facile, ou du moins à portée. Le parallèle avec la vigne prend son sens dans la préparation mise en place pour mener vers ce but – sauf que la récolte n'est pas bonne car l'occasion n'est pas transformée.

Plusieurs clubs français célèbres se trouvent dans de grandes régions viticoles ; ainsi, en 2022, se croisent entre divisions (Ligue 1 et Ligue 2) le Football Club des Girondins de Bordeaux et l'Association de la jeunesse auxerroise (AJA). Non que les vins de Bourgogne dépassent ceux de Bordeaux, mais certains attaquants du côté de la Gironde ont peut-être plus *vendangé* que du côté de l'Yonne durant la saison précédente...

VENDANGER UNE OCCASION

Vigneron d'adoption, je vénère les vendanges. Beaucoup de mes amis et joueurs ont parcouru nos vignes et vendangé eux-mêmes. Nous y allions, parfois très nombreux, pour cueillir le fruit et boire le vin comme de joyeux drilles. Raí, par exemple, est un excellent vendangeur. Je ne comprends pas le rapport avec le fait de rater une occasion. Arrêtons d'insulter le vin et lâchons la grappe aux joueurs !

LE VENTRE MOU DU CHAMPIONNAT

Le milieu de tableau du classement d'un championnat

Un championnat peut métaphoriquement être comparé à un être humain : à la tête se trouvent les équipes qui se disputent la couronne et un peu plus bas se situe le *ventre mou du championnat*. Cette expression renvoie au milieu de tableau et à ces équipes qui ne jouent plus la victoire finale, car trop distancées en nombre de points, mais qui ne sont pas forcément menacées de relégation en division inférieure. Ce *ventre mou* est donc fait d'équipes moyennes, généralement regroupées en peu de points, qui au gré des matchs peuvent gagner ou perdre quelques positions sans jamais monter trop haut ni descendre trop bas. Il arrive qu'une équipe favorite tombe ou stagne dans le ventre mou du championnat, ce qui ne constitue pas pour autant une forme de déshonneur.

Cette expression semble être la traduction de propos qu'aurait tenus Winston Churchill dans un contexte diplomatique. En 1942, lors d'un échange avec Staline, le dirigeant britannique aurait considéré l'Afrique du Nord comme le « *soft underbelly of the Axis* », soit le « ventre mou de l'Axe ». Depuis, l'expression a été élargie et son sens de « point faible » évolué pour désigner un centre où il ne se passe pas grand-chose.

LE VENTRE MOU DU CHAMPIONNAT

L'équipe qui se situe entre la huitième et la treizième place du championnat serait dans le ventre mou, *selon le poncif journalistique. Le ventre mou implique un régime strict pour garder la Ligue. Certaines équipes sont spécialistes de l'exercice. Le Toulouse FC du début des années 2000, par exemple, a longtemps été abonné au ventre mou. Ce sont souvent des clubs très bien gérés financièrement, assez pépères et prenant peu de risques.*

UN VOLUME DE JEU

Une forte implication d'un joueur sur le terrain

Le volume de jeu est un indicateur qui ne fait pas l'unanimité quant à ses critères constitutifs. Le *volume* au football, quand il ne s'agit pas de ballon mais de personnes, demande quelques appréciations. Désormais, des capteurs sont placés sur les maillots et on peut déterminer les vitesses, les accélérations ou les distances parcourues par une joueuse ou un joueur. C'est plutôt sur la quantité de ces déplacements et les multiples mouvements effectués que se porte l'expression *volume de jeu*.

Pour améliorer ce fameux volume, il ne suffit pas de monter le son. Il s'agit de courir davantage, d'effectuer plus de passes et d'être présent pour ses coéquipiers tant en défense qu'en attaque. La dimension implicite de l'efficacité de ces actions est souvent associée. Quelqu'un qui effectuerait de nombreuses courses mais dans tous les sens, ou qui donnerait régulièrement des passes incomplètes ou interceptées, ne pourrait se voir attribuer ce compliment.

Parmi les joueurs qui se voient qualifiés de la sorte, on retrouve régulièrement des milieux de terrain, et en particulier un certain N'Golo Kanté. ↘

UN VOLUME DE JEU

C'est le seul volume qui se mesure par une surface, celle couverte et dominée par un joueur ou une équipe. Ce cliché journalistique qualifie souvent un milieu relayeur au four et au moulin, un 8 ou un 6 qui donne l'impression de courir beaucoup. Mais cela ne fait pas tout, car dans le football, c'est le ballon qui doit courir.

Le volume de jeu *d'une équipe se mesure par la possession et les tirs tentés. C'est la traduction statistique de la domination sur le terrain du FC Barcelone, du Paris Saint-Germain, du Bayern Munich.*

ZIZOU

Surnom de Zinédine Zidane

« Zizou » est le surnom donné à Zinédine Zidane, l'un des plus grands joueurs de tous les temps. Né à Marseille le 23 juin 1972, le « minot de la Castellane » (nom de la cité des quartiers nord de la ville dans laquelle il a grandi) est connu entre autres pour sa technique hors du commun, ses contrôles de balle orientés, ses dribbles déroutants, ses coups francs « platinesques », ses deux buts en finale de la Coupe du monde 1998, sa panenka en finale de la Coupe du monde 2006, mais aussi pour son coup de tête sur le défenseur italien Materazzi lors de cette même finale, qui fut son dernier match officiel. Zidane a gagné de nombreux trophées en tant que joueur (avec la Juventus de Turin puis le Real Madrid ; il fut Ballon d'or 1998) et en tant qu'entraîneur du Real, dont trois Ligues des champions (2016, 2017, 2018).

Pendant longtemps, son portrait était affiché sur un mur de la Corniche à Marseille, ville avec laquelle il entretient une relation passionnelle... sauf lorsqu'il est pressenti pour entraîner le PSG.

On se souviendra de ce passage de Johnny Hallyday au *Journal de 20 h* de TF1 en avril 2002 : lorsque Claire Chazal lui demande quels joueurs de l'équipe de France il connaît, Johnny mentionne un certain... « Zazie » !

ZIZOU

Les joueurs sont souvent dans la vie comme sur le terrain. C'est le cas de Zidane, joueur de génie et homme généreux. Alors que j'étais président de la Berrichonne de Châteauroux, au début des années 2000, l'agent de Zidane (Alain Migliaccio) m'avait appelé pour me demander d'engager un ami d'enfance du « double Z ». Malheureusement, notre situation financière ne nous permettait pas de recruter un nouvel élément. Quelques jours plus tard, il me rappela pour me dire que Zidane payerait le salaire de son ami, qui était un bon joueur. Ce qui fut fait. C'est quelqu'un qui s'exprime à bon escient, qui distille les mots comme les ballons. Il a compris que moins on parle, plus on est écouté.

ZLATANER

Dominer, écraser un adversaire

Zlatan Ibrahimović fait partie de ces joueurs qui auront marqué leur époque autant par leur talent que par leur personnalité. Du haut de son mètre quatre-vingt-quinze, ce puissant attaquant suédois - qui a notamment joué pour l'Ajax, l'Inter, la Juve, le Barça, le PSG, Manchester United, le Los Angeles Galaxy et le Milan AC - aime imposer un défi tant physique que mental à ses adversaires. Fougueux, rageur, souvent colérique, il se retrouve fréquemment au cœur de tensions sur le terrain ou en dehors par ses déclarations tapageuses.

De ce comportement fier et impulsif, allié à la puissance dégagée par l'athlète et à son adresse hors pair pour marquer des buts spectaculaires, est né le verbe *zlataner*, qui peut être compris comme le fait de dominer outrageusement un adversaire, de l'écraser, de l'humilier, de lui imposer sa loi. C'est en 2012 qu'est apparu ce verbe, dans l'émission parodique *Les Guignols de l'info* sur Canal +. Il n'est pas (encore) entré dans les dictionnaires français, mais il est parfois utilisé même au-delà du football. Espérons que ce livre vous permettra de *zlataner* lors de vos prochaines conversations sur le foot !

BIBLIOGRAPHIE

Dictionnaires

Le Grand Robert de la langue française, Le Robert, en ligne.
Le Petit Robert de la langue française, Le Robert, en ligne.
Trésor de la langue française informatisé, en ligne.
PETIOT G., *Le Robert des sports. Dictionnaire de la langue des sports*, Le Robert, 1982.
REY A., TOMI M., HORDÉ T., TANET C., *Dictionnaire historique de la langue française*, *Le Robert*, 1992.

Ouvrages spécialisés

BERNARD-BEZIADE M., *Les Anglicismes dans le sport en langue française. Modes d'intégration et aspects sociolinguistiques*, thèse soutenue sous la direction de Jeannine Gerbault, université Michel de Montaigne, Bordeaux 3, 2006, publiée aux Éditions universitaires européennes, 2010.
BERTEAU F., *Le Dictionnaire des supporters. Côté tribunes*, Stock, 2013.
BLANCHET B., LESAY J.-D., *Le Dico du parler sport. 6 000 expressions sportives décryptées*, Fetjaine, 2012.
BROMBERGER C., *Le Match de football. Ethnologie d'une passion partisane à Marseille, Naples et Turin*, Éditions de la Maison des sciences de l'homme, 1995.
DULUC V., *Les Mots du football*, « Le goût des mots », Points, 2021.
GALISSON R., *Recherches de lexicologie descriptive : la banalisation lexicale. Contribution aux recherches sur les langues techniques*, Nathan, 1978.
TOURNIER J., *Les Mots anglais du français*, sous la direction de Jean Bouffartigue, « Le français retrouvé », Belin, 1998.
WAHL A., *La Balle au pied. Histoire du football*, « Découvertes Gallimard », Gallimard, 2002.

Sites internet spécialisés

But ! Football Club, en ligne : www.butfootballclub.fr
Conseil sport Decathlon, « Lexique du football », en ligne : conseilsport.decathlon.fr/lexique-du-football
Dicodusport, en ligne : dicodusport.fr
Fédération française de football, en ligne : www.fff.fr
Fédération internationale de football association, en ligne : www.fifa.com
France Football, en ligne : www.francefootball.fr
L'Équipe, en ligne : www.lequipe.fr
Onze Mondial, en ligne : www.onzemondial.com
So Foot, en ligne : www.sofoot.com
Union of European Football Association (UEFA), en ligne : www.uefa.com

TABLE DES MATIÈRES

CRÉDITS ICONOGRAPHIQUES

Couverture
Portrait de Michel Denisot : © Martin Bureau/Afp.
Ballon : © Evolvect/Adobe Stock.
Pictogrammes : © super1973/Shutterstock.

Intérieur
Ballon : © Evolvect/Adobe Stock.

Cet ouvrage a été achevé d'imprimer en septembre 2022
dans les ateliers de Normandie Roto Impression s.a.s.
61250 Lonrai
N° d'imprimeur : 2204603
Dépôt légal : octobre 2022
N° d'éditeur : 911767/10277935

Imprimé en France

MIXTE
Papier issu de
sources responsables
FSC® C022030
www.fsc.org